HISTOIRE MILITAIRE

DES FEMMES

HISTOIRE
MILITAIRE
DES FEMMES

PAR

ÉD. DE LA BARRE DUPARCQ

Les héroïnes produisent les héros.

PARIS
AUX FRAIS DE L'AUTEUR

MDCCCLXXIII

A LA MÉMOIRE

DE MA FEMME

PRÉFACE

—

*J'ai rêvé, il y a plus de dix ans, au ſujet d'un projet littéraire, celui d'écrire in-extenſo l'*Hiſtoire militaire des Femmes, *ouvrage où j'aurais retracé depuis l'antiquité juſqu'à nos jours l'hiſtoire des femmes qui, dans les différents pays du monde, ſe ſont diſtinguées par une part priſe aux combats & aux actes militaires. Ce livre devait obtenir un grand ſuccès; mon imagination allait loin, comme celle de Perrette, & y voyait déjà pour l'auteur un titre littéraire ſolide & de bon augure.*

Les occupations ſont venues me diſtraire de ce projet.

Aujourd'hui je me demande ſi, renonçant à l'exécution de mon programme ambitieux, il ne ſerait pas temps d'aborder ce ſujet avec une rédaction plus restreinte. En effet, je puis, à la fin de ma carrière, me trouver plus empêché encore; j'atteins la cinquantaine, j'oublierai bientôt l'art de parler aux dames & je désire qu'elles lisent ce livre composé pour elles; enfin il y a la maxime: ne remets pas ce que tu peux faire aujourd'hui.

*J'aborderai donc résolûment la composition de l'*Histoire militaire des Femmes.

Janvier 1869.

P. S. Diverses causes ont ajourné depuis quatre ans l'impression de ce travail historique, auquel je n'ai, du reste, rien à changer, à peine quelques noms à y inscrire pour le compléter & le mettre à jour.

Janvier 1873.

HISTOIRE MILITAIRE DES FEMMES

INTRODUCTION

Je n'arguerai pas d'une obſervation juſte, à ſavoir que l'amour conſtitue un état de guerre continuel, une lutte entrepriſe pour vaincre, & que par ſuite les dames, paſſées maîtres à ce jeu charmant, doivent s'entendre à la guerre, à ſes ruſes, à ſes ſecrets, à ſes procédés de toute eſpèce.

Je ne chercherai pas, en ſuivant les traces de M. Erneſt Legouvé (1), à montrer que la femme n'eſt pas inférieure à l'homme, ni à le prouver au double point de vue de la pſychologie & de l'hiſtoire.

Je ne rappellerai point une thèſe ſouvent plaidée & qui dépaſſe, ce me ſemble, les viſées du précédent écrivain, à ſavoir que de la femme &

(1) *Hiſtoire morale des femmes*, 3e édition, livre V, chap. I & II.

de l'homme la première poſſède le plus d'intelligence (1).

Je dirai ſimplement ce qui ſuit.

La femme ne manque ni de déciſion, ni d'énergie ; elle traverſe, il eſt vrai, des moments où ſa nature s'affaiblit, pour ſe renouveler, mais beaucoup de femmes ſurmontent ces affaibliſſements paſſagers. Ainſi la nature féminine ne s'oppoſe pas au courage (2) & aux actes qui découlent de cette vertu conſidérée comme excluſivement virile : elle ne s'y oppoſe pas ſurtout à l'état de jeune fille ou de femme faite. Seulement de 20 à 30 ans la femme devient craintive & peureuſe, par l'inſtinct d'épouſe & de mère qui lui fait tout redouter pour ſon mari, pour ſes enfants nés ou à naître, pour elle-même ; il ſemble qu'alors elle conſidère ſon ménage, ſa famille, ſa propre perſonne qui en eſt l'âme, comme un capital qu'il ne faut pas compromettre, &, en effet, à ce prix ſeul, la conſervation de l'eſpèce humaine demeure aſſurée.

(1) Liſez, par exemple, le curieux opuſcule, publié à Berlin en 1797 : *Eſſai ſur la ſupériorité intellectuelle de la femme*, dédié à la reine Louiſe de Pruſſe, par le chev. DELL' ACQUA, Milanais, membre honoraire de l'Académie des Arcades, in-12.

(2) Nous ne nous rangeons donc nullement à cet avis aſſez impertinent : « Je ne crois pas que l'intrépidité ſoit la vertu favorite du beau ſexe.... Quoique l'intrépidité ſoit inutile aux femmes, on ne laiſſe pas de trouver parmi elles des héroïnes. » (*Réflexions ſur les grands hommes qui ſont morts en plaiſantant*, par M. D***, imprimé dans le monde, in-32, 1714, chap. XI).

La différence remarquée entre l'homme & la femme provient, non-feulement de leur nature, mais encore de l'éducation ; élevez des jeunes filles comme des jeunes garçons, & vous verrez fe développer en elles plus d'une qualité qui femblait dévolue au fexe mafculin (1). Que les filles manient des épées au lieu de fufeaux, & des trompettes au lieu de poupées, leurs idées prendront une autre direction, & elles voudront utilifer, une fois grandes, ce avec quoi elles ont joué étant petites. Tel eft fouvent le fecret de l'apparition des femmes guerrières, tel fut à coup fûr le feul enchantement au moyen duquel fe forma & fe maintint l'ancienne nation des Amazones, fi fon exiftence n'eft pas un produit de l'imagination des poëtes qui ont contribué à la création, à l'organifation de l'Olympe.

Ainfi la femme peut avoir du courage & aimer la guerre, ou tout au moins fe plaire à la faire, parce qu'elle faura s'y diftinguer; en un mot, elle peut affectionner l'art militaire, & combattre autrement qu'au profit d'une paffion ou d'une fimple émotion.

La pratique de la guerre exige de la pénétration, de la perfévérance, du fang-froid : nous ne voyons pas que la femme manque par naiffance de ces différentes qualités.

(1) Reportez-vous à notre chapitre 1er pour la manière dont on élevait les jeunes Amazones.

N'héſitons donc pas & abordons franchement l'expoſé hiſtorique des faits attribués aux femmes qui, de tout temps, ont pris part à la guerre; nous ſommes ſûrs par avance de ne pas les trouver au-deſſous de la tâche choiſie par elles.

Et à ce ſujet une remarque ne ſera pas inutile. D'après notre titre nous écrivons ſeulement l'hiſtoire des femmes à un point de vue particulier, & la biographie de celles qui n'ont pas manié l'épée n'entre pas dans notre cadre; ſinon nous aurions pu prendre pour épigraphe ce paſſage d'un ouvrage écrit au XVIIIe ſiècle par un officier général : « L'hiſtoire des femmes, ſi elle était écrite, ferait l'hiſtoire générale du monde. Depuis la guerre de Troie, dont Hélène fut le motif, & l'invaſion de la Grèce par Xercès, dont ſa mère Pariſatis fut également la cauſe, juſqu'aux événements les plus récents, il n'y a aucune révolution dans les empires & dans les familles, où les femmes ne ſoient entrées comme cauſe, comme objet ou comme moyens. C'eſt bien à elles que le deſtin a dit : *Imperium ſine fine dedi* (1). »

(1) *Je vous ai donné un empire ſans fin*. Ce paſſage eſt tiré du chap. VII de la ſeconde partie des *Mémoires militaires & politiques du général Lloyd*. Le même auteur a dit : « Si l'on faiſait des femmes la récompenſe des grandes actions, il n'y a ſorte d'efforts que les hommes ne fiſſent pour les mériter. »

CHAPITRE Ier

TEMPS PRIMITIFS. — AMAZONES

—

Les Amazones (1) — nous entendons ce mot dans le ſens particulier de tribu ou peuplade des Amazones — ſe relient aux Coſaques de notre temps par deux chaînons hiſtoriques. Le premier tient au nom *Gynecocratuménien* (en latin, moyennant l'addition du mot Sauromata (Scythe), *Sauromatagynecocratumenus*), mot dérivé du grec & qui ſignifie *vaincu par la femme;* on prétend, en effet, mais ceci remonte aux temps antéhiſtoriques, que les ancêtres des Coſaques auraient été vaincus par les Amazones & auraient depuis entretenu des relations avec elles; au moins eſt-il certain qu'ils étaient leurs voiſins. Le ſecond chaînon conſiſte en ce qu'à l'origine la république nomade des Coſaques aurait pris le contre-pied de celle des Amazones, n'admettant

(1) Rappelons qu'il a paru en 1749 une tragédie des *Amazones,* compoſée par une femme, Mme Dubochage.

aucune femme parmi eux, ſe recrutant au moyen d'enfants mâles qui provenaient de captives parquées loin de leurs camps, & impitoyablement chaſſées ou vendues quand elles mettaient au monde des filles.

Quoi qu'il en ſoit de ces conjectures, abordons l'hiſtoire des Amazones, ſi toutefois on peut lui donner ce nom, car le récit qui concerne ces femmes guerrières appartient également à l'époque fabuleuſe qui obſcurcit à nos yeux l'origine & le développement des premières ſociétés humaines.

Un auteur du XVIIIe ſiècle qui s'eſt occupé de recherches ſpéciales ſur les Amazones conſidérées comme une des nations de la première antiquité, ne doute pas, à l'encontre de Voltaire & de Dacier, de l'exiſtence de ces femmes guerrières. Je conſens à me ranger momentanément de ſon avis, d'autant plus que cela me fournira plus ample matière à un chapitre dont cette *Hiſtoire militaire des femmes* ne ſaurait ſe paſſer ; vraies ou ſuppoſées, les Amazones ont en effet tenu trop de place dans les récits humains pour que nous ne nous arrêtions ſur elles en des pages qui ont la prétention de réunir & de réſumer les faits relatifs à la part priſe en tout temps par les femmes aux choſes militaires.

On ſuppoſe les Amazones d'origine scythe. Deux princes appartenant à la race royale de ce pays en furent chaſſés & ſe retirèrent avec une ſuite nombreuſe dans la Sarmatie aſiatique, au-deſſus du mont Caucaſe, ſi nous en croyons l'abbé Guyon (1); là ils s'établirent, fondèrent un nouvel Etat, mais, s'étant livrés à des courſes déprédatrices dans les provinces voiſines du Pont-Euxin, furent attaqués inopinément & maſſacrés avec la plupart des leurs. Les femmes de ces malheureux, reſtées ſeules, ſe virent dans la néceſſité de ſe défendre, élurent une reine & organiſèrent leur ſociété. Sans doute l'ennemi ne les preſſa pas trop vivement au début; elles réſiſtèrent, ſe fortifièrent par l'exercice dans le métier des armes, finirent par ſe faire reſpecter. Des circonſtances heureuſes s'en mêlèrent &, la ſurpriſe aidant ſans doute, elles ſe virent bientôt maîtreſſes d'un certain territoire. S'enhardiſſant, elles en conquirent les alentours; puis, ſe ſentant aſſez fortes, une idée bizarre ſurgit parmi elles, & elles réſolurent de ſe priver du ſecours des hommes : de l'idée à l'exécution il n'y eut qu'un pas; les hommes mêlés à elles furent égorgés, & le mariage ſolennellement aboli. Seulement, afin de perpétuer leur République, on prétend, & c'eſt ici que la fable s'introduit (2), qu'elles

(1) Auteur d'une *Hiſtoire des Amazones*, in-12, Bruxelles, 1741, chez Léonard, p. 50.

(2) L'abbé Guyon n'oſe porter ſon ſoupçon juſqu'à taxer cette tradition de *fable*, mais à quel prix pour les Amazones, puiſqu'il

allaient une fois par an fur leurs frontières, s'y livraient au premier homme venu (1), puis rentraient dans leur pays & neuf mois après partageaient les enfants nés en deux groupes : le groupe des garçons que l'on tuait impitoyablement, le groupe des filles que l'on confervait & élevait, dont on faifait avec le temps de jeunes Amazones (2).

Relativement à cette dernière coutume, Jornandès (3) ajoute qu'elle jetait la terreur autour d'elles, perfonne ne pouvant fuppofer que des femmes, affez cruelles pour mettre à mort leurs propres enfants, épargneraient leurs prifonniers & leur feraient grâce (4).

Si les Amazones rejetaient de leur cœur l'affection des époufes, elles n'en fupprimaient pas entièrement l'amour maternel, au moins à l'égard des filles, en ce fens qu'elles tenaient à être mère d'une autre Amazone, puifque pour avoir le droit d'aller aux frontières, il fallait s'être fignalée par

prétend qu'elles ne confervaient pas, de leurs relations avec les hommes, « plus de fentiment ni de fouvenir que l'on en voit dans les *bêtes* » !

(1) Elles n'en continuaient pas moins à porter la ceinture qui défignait les jeunes filles & dont l'ufage fe trouvait interdit aux femmes mariées.

(2) On dirait l'imitation d'une république d'abeilles.

(3) *Hiftoire des Goths*, chap. VIII.

(4) Le même auteur cite une tradition d'après laquelle les Amazones auraient rendu les enfants mâles à leurs époux d'un jour, mais c'eft peu probable, car elles devaient fuir & abandonner ces derniers comme des inftruments devenus inutiles & méprifés.

la défaite & le maſſacre d'au moins trois ennemis (1).

Quoique nées de mères guerrières & au caractère rudement trempé, les jeunes filles deſtinées à devenir Amazones en titre avaient beſoin d'un noviciat particulier pour endurcir leur tempérament & garder leur âme de toute faibleſſe morale. On les allaitait avec du lait de jument (2), on les nourriſſait le plus tôt poſſible avec de la viande provenant de bêtes fauves, & le plus ſouvent crue. Afin qu'elles puſſent mieux tirer de l'arc, on leur comprimait, dit-on, brûlait ou extirpait la mamelle droite dès l'âge de huit ans; en effet, l'abſence de cette mamelle ouvrait un champ plus large à l'action du bras & permettait à ce bras (au moins le croyait-on alors) de ſe développer, de ſe renforcer de tout ce qui eût été pris par la portion charnue ſupprimée. Nous devons ajouter que dans les œuvres de l'art antique les Amazones ſont repréſentées avec deux mamelles, en ſorte que la tradition qui leur at-

(1) Même coutume chez les Sauromates, au dire d'Hérodote (IV, 117); cette nation, dont il raconte l'origine, provenait d'un mélange d'Amazones & de jeunes Scythes qui avaient ſuivi leurs épouſes où elles avaient voulu; la narration du père de l'hiſtoire ſemblerait fabuleuſe ſi elle n'avait ſans doute pour but de prouver que plus d'une Amazone regrettait la néceſſité où elle ſe trouvait de vivre ſans mari.

(2) Leurs mères n'avaient qu'une mamelle, & par conſéquent leur lait reſtait imparfait; elles devaient d'ailleurs ſe hâter de s'en débarraſſer, afin de ne pas entraver leurs fonctions militaires.

tribue la perte volontaire d'une mamelle pourrait être une fiction des grammairiens pour faire dériver leur nom de μαζός.

On ne connaît qu'imparfaitement l'habillement des Amazones, & cela s'explique puisqu'il peut seulement se déduire des médailles. Elles semblent avoir porté le plus souvent un corset cuirassé (1), espèce de veste large que terminait une ceinture de laquelle pendait une cotte d'armes assez courte ; le genou se trouvait à peine couvert comme dans la statue de Diane Chasseresse. Pour chaussure on leur voit des brodequins ordinaires, & pour coiffure un casque posé sur des cheveux noués court derrière la tête. Le panache qui accompagne ce casque sur une des médailles conservées, comme aussi la couronne murale qui en tient place sur une autre, doivent tenir à des circonstances particulières, & le costume précédent, lequel ressemble également à celui attribué à Minerve, dont le personnage se lie évidemment à l'histoire des Amazones, me paraît le plus probable. On voit bien aussi une Amazone à cheval combattue par Hercule, laquelle se trouve recouverte d'une robe, mais ce vêtement long, qui s'explique pour une femme à cheval, peut très-bien former une exception & en tous cas avoir été consacré aux combattantes

(1) Composé d'écailles métalliques, ordinairement en fer.

montées; il eſt vrai que ces dernières étaient les plus nombreuſes, car comme les Scythes & plus tard les Parthes, leurs voiſins, elles faiſaient la guerre ſurtout à cheval. De toute façon les vêtements des Amazones étaient fabriqués de peaux (1) d'animaux tués à la chaſſe, s'attachaient ſur l'épaule gauche & découvraient le côté, laiſſant ainſi à découvert le ſein coupé & non la mamelle conſervée comme ne manquent pas de le repréſenter les peintres & les ſtatuaires, trouvant ſans doute la poſe plus gracieuſe.

Les femmes guerrières dont nous nous occupons employaient comme armes l'arc, la lance, la hache d'armes; elles ſe couvraient contre les coups de leurs adverſaires par un bouclier.

L'arc était leur arme favorite; habituées à le manier dès l'enfance, elles s'en ſervaient avec adreſſe, même par derrière, & devenaient ainſi redoutables même dans la fuite à l'ennemi qui les pourſuivait.

La lance, dont une partie de leurs troupes ſe trouvait munie, avait pour but de leur fournir ainſi une infanterie (2) capable de combattre & de

(1) La froidure du climat l'exigeait principalement pour une vie nomade, car les Amazones vivaient plus à l'air que les femmes des Grecs & même celles des Scythes. (Conſultez Hérodote, IV, 114.)

(2) La légèreté de pluſieurs Amazones à la courſe, notamment celle de la reine Myrine, dont nous parlerons ci-après, paraît indiquer chez ces guerrières une tendance à ne pas dédaigner le combat *à pied*.

résister *de près ;* elles la maniaient avec grâce & la portaient souvent, en dehors de la guerre, pour aider à leur contenance dans les cérémonies & les occasions où elles voulaient briller.

Leur hache d'armes était double, c'est-à-dire à deux tranchants, ressortant l'un à droite, l'autre à gauche de la hampe ; sa longueur ne dépassait pas celle d'un javelot. On la nommait *Sagaris* (1).

Le bouclier des Amazones, sur lequel un savant a fait un travail spécial (2), affectait la forme d'un croissant dont les pointes regardaient le ciel (3) ; au milieu de l'échancrure, semblable à celle du pelte, πελτη, bouclier léger le plus usuel chez les Grecs — sauf pour les Hoplites — depuis l'an 374 avant notre ère, une petite plaque garantissait l'anse qui servait à le tenir & par conséquent la main de la guerrière.

On croit qu'elles utilisaient comme instruments de guerre, & principalement pour donner le

(1) Voyez Xénophon, *Expédition de Cyrus & Retraite des Dix mille*, IV, 4. Larcher prétend que dans la *Sagaris* un seul des tranchants coupait.

(2) Reportez-vous, relativement à ce bouclier, aux chap. xxv & xxvi de la savante & très-curieuse dissertation *de Amazonibus* parue à Paris, en 1685, chez Cramoisy, *via dicta de la Harpe* (aujourd'hui boulevard Saint-Michel), dans le format in-12, & due à Pierre Le Petit, médecin, avec de nombreuses figures.

(3) D'où l'expression de *lunatum agmen*, chez le poëte Stace, pour une troupe d'Amazones armées de ces boucliers échancrés.

ſignal du début & des principales phaſes du combat, le cornet & la trompette.

Sans entrer dans le détail des guerres ſoutenues par les Amazones, nous en parlerons & citerons les faits qui ſignalent les principales d'entre elles ; évidemment ce ſeront ſurtout leurs reines, car avec leur organiſation & à cette diſtance de nous, ce ſont les ſeules qui puiſſent avoir conquis & conſervé de la célébrité.

Marpeſia & *Lampeto* régnèrent ſur elles ſimultanément dès la formation de leur puiſſance. Il fut réglé que l'une des reines veillerait au dedans du royaume tandis que l'autre irait en guerre : le choix tomba ſur Lampeto. Alors Marpeſia ſe mit à la tête des guerrières diſponibles, ſoumit le Caucaſe, malgré les difficultés locales, provenant de la nature du ſol, & donna ſon nom à une partie de la contrée, dorénavant déſignée par l'épithète de *Mont Marpéſien*. Leur puiſſance grandiſſant, elles eurent recours à des auxiliaires choiſis parmi les peuples qu'elles avaient vaincus, & ces auxiliaires ſe compoſèrent ſoit de femmes mécontentes, ſoit même de troupes maſculines attirées par l'eſpoir du butin ; avec leur aide elles conquirent une partie des provinces ſiſes dans l'Aſie Mineure le long du Pont-Euxin. Alors leur Etat ſe fractionna en trois parties ; l'une eut pour chef-lieu Thémiſcyre, ville de leur fondation, ſiſe dans les plaines arroſées par le Thermodon ; la reine de la ſeconde partie tint ſa cour aux environs d'Ephèſe ; le troiſième royaume des Amazones occupa la Sarmatie.

La reine *Antiope* eſt celle contre laquelle lutta Hercule pour lui enlever ſa ceinture, ſelon l'ordre qu'il en avait reçu de ſon frère. Elle fut vaincue par le héros, & céda en effet ſa ceinture, mais en revanche conſerva ſa liberté & ſon trône. Théſée accompagnait Hercule dans cette expédition & en ramena la jeune *Hippolyte* (1), ſœur de la reine (2). Pluſieurs combats furent livrés contre Hercule ; les Amazones *Aëlle,* ſi légère à la courſe ; *Prothoë,* abattue comme la première d'un coup de maſſue par le héros ; *Eurybie,* connue par ſes exploits précédents ; *Calène, Phébé, Déjanire, Philippis, Aſtérie, Marpé, Tecmeſſie* & *Alcippe,* s'y diſtinguèrent. Hercule conſidéra ſon expédition contre les Amazones comme le plus grand & le plus glorieux de ſes travaux, ce qui fait reſſortir la ſupériorité dans les armes & la puiſſance de ces femmes guerrières.

Dans une troiſième guerre la reine *Orithrie* voulut relever l'honneur & la réputation des

(1) Suivant Diodore de Sicile (IV, 28), Antiope & Hippolyte ſeraient une même perſonne; le fils d'Antiope & de Théſée s'appelait auſſi Hippolyte, Pindare ſeul le nomme Démophon. Plutarque, dans ſa *Vie de Théſée,* traite de ces doutes, mais ſans les éclaircir.

(2) *Ménalippe,* autre ſœur de la reine, tomba également aux mains d'Hercule : elle commandait l'armée des Amazones.

Amazones. A la tête de toutes les Amazones assemblées, suivie d'un corps de Scythes auxiliaires, elle passa la mer (1), traversa la Thessalie, atteignit l'Attique, y commit des ravages, puis vint camper devant Athènes & somma Théfée de rendre Hippolyte. La vue, l'ardeur de ces femmes guerrières intimida d'abord les Grecs; mais Théfée, en chef expérimenté, rassura les siens par un sacrifice à la Peur, puis les habitua peu à peu à ce nouvel ennemi; au bout d'un mois d'escarmouches, il risqua une bataille décisive, près du bois Boëdromion. Victorieuses sur leur aile gauche, les Amazones, que les Scythes venaient d'abandonner (2), furent complétement défaites à leur aile droite & massacrées en grand nombre. Hippolyte s'interposa & négocia un accommodement (3) : un sacrifice aux Amazones fut institué postérieurement au lieu où se prêta le serment de paix, & la Grèce reçut les dépouilles mortelles de plusieurs d'entre elles que leurs blessures avaient fait transporter dans des localités salutaires (4).

(1) On peut l'assurer d'accord avec la plupart des auteurs; Bellonicus prétend pourtant qu'elles vinrent dans l'Attique par terre.

(2) L'histoire ne dit pas pour quel motif, mais sans doute Théfée avait réussi, à prix d'argent peut-être (moyen si puissant auprès de mercenaires), à enlever leur appui à la reine Orithrie.

(3) Suivant une tradition, Hippolyte aurait fini par être tuée dans cette expédition d'un coup de javelot lancé par une Amazone du nom de *Molpadia*.

(4) On voyait des tombeaux d'Amazones à Chalcis (dans l'île

On remarquera que les Amazones cèdent à deux héros, à Hercule & à Théfée, tandis qu'elles l'emportent fur des peuples lointains & peu connus; à mon fens, c'eft là une preuve de l'arrangement que fubit leur hiftoire fous la main des poëtes, car ceux-ci pouvaient les grandir, orner leur nom d'une brillante auréole de gloire, mais non les claffer au-deffus des héros, des demi-dieux dont la biographie elle-même, comme celle de tout l'Olympe, fe forma fucceffivement & fut combinée, embellie, avant de nous parvenir dans l'état où nous la connaiffons.

A la fuite de fon échec, Orithrie n'ofa reparaître à Thémifcyre ; elle alla fonder un nouvel établiffement au nord de la Thrace.

La tradition nous montre enfuite les Amazones en relation avec la ville de Troie. Leur reine *Myrine* perdit, affure-t-on, la vie, en fecourant les Phrygiens contre Priam; elles fe réconcilièrent enfuite avec ce monarque, à caufe de la haine qu'elles portaient aux Grecs, depuis qu'elles s'étaient mefurées avec Hercule & Théfée.

Penthéfilée, fouveraine des Amazones du Thermodon, la plus illuftre de leurs reines, accourut à fon fecours avec douze Amazones.

d'Eubée), à Mégare, Chéronée, Scotufe, Cynofcéphales. Près d'Athènes s'élevait une colonne dite *Amazonienne*, abritant, dit-on, les reftes d'une Amazone.

Mais ici l'influence d'Homère ſe fait ſentir : cette héroïne devient une femme charmante dont le teint eſt d'une blancheur éblouiſſante, les cheveux & ſourcils du plus beau noir, les yeux vifs & pétillants, la tenue modeſte & gracieuſe, le ſourire affable, qui unit en un mot à l'aſpect & aux mérites d'un guerrier les grâces & la douceur de la femme. Le roi des Troyens l'accueillit à merveille, la logea dans ſon palais, lui fit des préſents & lui promit une reconnaiſſance ſans bornes, ſi elle lui procurait le triomphe ſur ſes adverſaires. Malgré les avertiſſements d'Andromaque, Penthéſilée réſolut de combattre Achille,

ποδας οχυς Αχιλλευς,

Achille aux pieds légers, ſuivant l'expreſſion d'Homère, ou ſi l'on préfère un ſouvenir d'Horace, Achille *impiger, iracundus, inexorabilis, acer,* l'actif, l'iraſcible, l'inexorable, le violent Achille.

Son apparition ſur le champ de bataille fut un coup de maître ; elle abattit de ſa hache huit des chefs grecs, & voyant de ſes Amazones maſſacrées autour d'elle, ſa fureur ne connut plus de bornes, elle s'élança, frappa, répandit la terreur, entraîna les Troyens, détermina la fuite des guerriers qui étaient venus réclamer l'épouſe de Ménélas.

A ce moment, Ajax intervient, repouſſe les Troyens, tue quelques Amazones ; Penthéſilée ſe tourne contre lui, & ſon premier trait atteint le bouclier d'Achille paraiſſant à ſon tour; mais d'un javelot lancé avec habileté, le héros grec lui perce le côté droit du ſein, puis vient l'achever d'un ſecond coup. A peine l'a-t-il achevée, à peine lui a-t-il enlevé ſes armes pour en faire un trophée, que la beauté fière & intrépide encore ſous le voile de la mort de cette brillante guerrière l'impreſſionne & le déſeſpère de ſa victoire. Therſite voit ce changement ſur le front du vainqueur & l'en blâme; indigné de cette marque d'une baſſe jalouſie & d'un mauvais eſprit de critique, Achille frappe ſon interlocuteur au viſage & l'étend à ſes pieds. Il rend enſuite le corps de Penthéſilée à Priam qui l'entoure des plus grands honneurs & la fait dépoſer dans un ſuperbe mauſolée.

A la cinquième & dernière guerre des Amazones ne ſe rattache aucun nom ſpécial. Ces guerrières cherchent à s'y venger du troiſième héros grec auquel leur bras n'a ſu réſiſter, en attaquant dans l'île de Pénée le temple bâti en ſon honneur. Elles font à cet effet conſtruire 50 galères, &, une fois débarquées dans l'île, ordonnent d'abattre le bois entourant & protégeant le temple. Le fer des cognées employées ſe détache & frappe les ouvriers à la tête. Averties, les Amazones courent au Temple; une viſion effraye leurs chevaux, ces animaux ſe cabrent, il devient impoſſible de les ramener; ils s'échappent dans l'île, quelques-uns même ſe jettent à la mer. Une tempête s'élève en ce moment & briſe bon nombre des galères des Amazones ; un petit nombre de ces guerrières parvient ſeulement à regagner les rives du Thermodon.

On attribue comme créations aux Amazones aſiatiques, outre la ville capitale de Thémyſcire, dont nous avons parlé, la fondation de Smyrne, de Thyatire, de Myrine, de Cumes, de Paphos, ainſi que l'agrandiſſement de la cité d'Ephèſe, l'une des plus illuſtres de l'Aſie Mineure, où leur reine Otrire (1) fixa ſa réſidence dans un palais bâti d'après ſes ordres, & où fut bientôt élevé le magnifique temple de Diane, trois fois rebâti, & toujours avec une nouvelle magnificence.

A travers l'éloignement du temps, les hauts faits des Amazones parurent plus grands, plus dignes de louange; les populations, aidées par l'imagination de leurs poëtes, en firent des femmes extraordinaires, leurs reines ne tardèrent pas à paſſer au rang des déeſſes, pluſieurs furent conſidérées comme filles ou femmes du dieu Mars. Leur culte ſe répandit en Grèce & en Aſie Mineure : dans les villes fondées par elles en ce dernier pays, cela n'offre rien d'étonnant ;

(1) Il faut diſtinguer parmi les reines des Amazones *Otrire* dont parle Hygin, & Orithrie qui marcha ſur Athènes & que Plutarque mentionne dans la *Vie de Théſée*.

mais en Grèce, où elles s'étaient préſentées en ennemies, le fait paraît plus singulier & les honore.

L'abbé Guyon fixe à l'an 1500 avant J. C. l'établiſſement de la monarchie des Amazones habitant les rives du Thermodon ; en prenant pour fin de leur hiſtoire la conquête de l'Aſie par Alexandre le Grand, auquel leur reine Thaleſtris ſe préſenta pour en avoir de la poſtérité (1), ſi nous en croyons Quinte-Curce (2), on obtient ainſi douze ſiècles (3) pour la durée de cette bizarre inſtitution (4).

Outre les Amazones habitant les rives du Thermodon, près du Pont-Euxin, Diodore de Sicile rapporte ce qui concer ne les Amazones de la Libye qui avaient diſparu pluſieurs géné-

(1) Si elle mettait au monde une fille, elle devait l'élever ; ſi c'était un garçon, elle le rendait à Alexandre.

(2) VI, 5. Voyez *Vie d'Alexandre*, par PLUTARQUE. Appien dément le fait. Arrien, eſprit pratique, prétend qu'on préſenta de *fauſſes Amazones* au grand Alexandre, c'eſt-à-dire cent femmes barbares inſtruites à monter à cheval & armées comme l'étaient les Amazones. Il appuie ſon avis ſur le témoignage de Xénophon qui, vivant avant Alexandre, ne cite pas les Amazones comme exiſtant à l'époque de la retraite des Dix mille dans les pays traverſés par ces derniers. Sainte-Croix ſe prononce en faveur des Amazones, & tient pour vraies celles qui ſe ſont préſentées à Alexandre.

(3) Malgré cette durée, on a retrouvé récemment une ſtatue d'Amazone contemporaine peut-être d'Alexandre, car elle eſt évidemment d'un artiſte grec ; cette ſtatue, la plus belle, prétend-on, de celles que l'on connaît ſous ce type, a été découverte dans les premiers mois de 1869, ſur l'emplacement des jardins de Salluſte.

(4) On trouve encore mentionnées, outre celles que nous avons citées, les Amazones *Iphione, Ocyale.*

rations avant la guerre de Troie, à laquelle les premières prirent part ; évidemment il y a dans l'hiſtoire, ou plutôt la fable de ces dernières, un fond de récit commun, & le royaume féminin & guerrier de l'Afrique reſſemble à s'y méprendre à la monarchie aſiatique dont nous venons d'expoſer l'organiſation & les hauts faits. L'origine de la tradition doit être la même & ſe perd dans la nuit des temps. Mais la narration de Diodore de Sicile comprend certains détails qu'il eſt bon de relever pour éclairer d'un jour nouveau pluſieurs points de la façon dont l'antiquité concevait l'organiſation militaire & la façon de combattre chez une nation excluſivement compoſée de femmes.

Tel eſt par exemple le rapport entre le nombre des fantaſſins & des cavaliers (nous devrions dire des *piétones* & des *cavalières*) dans une armée d'Amazones. Diodore (1) donne la proportion de 3,000 Amazones combattant à pied pour 20,000 combattants à cheval, c'eſt-à-dire que l'infanterie eût été le $\frac{1}{7}$ de la cavalerie ; il eſt vrai que ce texte a été mis en ſuſpicion & qu'une édition de l'auteur grec permet de traduire *trente mille combattants à pied & deux mille à cheval,* mais cette interprétation tombe devant la réflexion du texte : « Le ſervice de la

(1) Livre III, chap. LIV.

cavalerie eſt ambitionné parmi les Amazones comme le plus utile à la guerre (1). » Toujours eſt-il (le fait ſe trouve hors de doute par cette citation) que les Amazones ne combattaient pas excluſivement à cheval, comme on l'a prétendu.

Telle eſt encore la cruauté dont elles uſaient envers l'ennemi, paſſant au fil de l'épée tous les hommes, cruauté néceſſaire, car moins il exiſtait d'hommes, plus leur ſyſtème de gouvernement, leur monarchie excluſivement féminine, poſſédait des chances pour vivre & pour durer ; ainſi, les anciens voyaient à merveille que ces nations d'Amazones conſtituaient une anomalie ; & s'ils ne ſe gendarmaient pas davantage contre cette anomalie, c'eſt qu'elle ſe rattachait comme origine à leur mythologie, & qu'en fait de divinités ils acceptaient, ils amalgamaient les traditions les plus diverſes plutôt qu'ils ne retranchaient, & procédaient par voie de ſimplification.

Diodore de Sicile nous montre les Amazones de Libye ſurpriſes la nuit par leurs ennemies, les Gorgones, autre nation de femmes guerrières, & perdant beaucoup de monde, mais enſuite ſe ralliant, attaquant avec enſemble & fureur, *en-*

(1) Aux environs du Palus-Méotide, chez les Laxamathes, les femmes auſſi combattaient à cheval, en ſe ſervant d'un *lazo* comme le fait remarquer *Alexander ab Alexandro*, livre VI, chap. XXII. Voici le texte : « *Circa Mœotim Laxamathæ viri pedibus, fœminæ equeſtri prelio*, non enſe, ſed laqueo, *depugnant.* » Edition de Paris, 1579, verſo du feuillet 375.

tourant leurs adverſaires & les maſſacrant toutes. N'eſt-ce pas là l'image morale de la femme? En dehors des ſoins de la maternité, elle peut manquer de vigilance; mais, une fois ſa faute reconnue, elle ſe corrige & ſe tire d'affaire à force de perſpicacité & de paſſion.

La plus célèbre des reines des Amazones africaines ſe nommait Myrine, nom déjà connu du lecteur, car il figure dans les pages précédentes; cette ſouveraine fit de grandes conquêtes jusqu'en Arabie & en Syrie, juſque même dans la grande Phrygie, fonda pluſieurs villes dans ces diverſes contrées, atteignit les îles de la Grèce, & créa Mitylène dans l'île de Lesbos. Dans l'une de ſes expéditions au milieu de cet archipel, une tempête la ſurprit, & elle n'en ſortit vivante que par un vœu à la mère des dieux qui la jeta ſur une île déſerte qu'elle lui conſacra; on voit que rien ne manque à ſa gloire.

Diodore adopte une idée plus pratique relativement à la conſtitution de la monarchie libyenne des Amazones; ſuivant lui, les hommes ne s'en trouvaient pas exclus, mais, loin d'y obtenir aucun emploi, ils s'occupaient des ſoins domeſtiques & rempliſſaient les fonctions ailleurs dévolues aux femmes, depuis l'allaitement des enſants, qui était, bien entendu, artificiel (1).

(1) III, 52.

CHAPITRE II

FEMMES MILITAIRES DE L'ÉGYPTE ET DES PREMIERS ROYAUMES ASIATIQUES

—

La race égyptienne a reçu de l'hiſtoire un reproche que l'on adreſſe ſouvent à la nation françaiſe, celui d'être plus belliqueuſe que guerrière ; chez elle, en raiſon de l'exiſtence d'une caſte ſpéciale des guerriers, cela ſe comprend, car la routine finit par revêtir le ſemblant du métier & par ſubſtituer l'apparence à la réalité. Néanmoins on ne peut ſe diſſimuler que les Egyptiens n'aient entrepris de grandes guerres & ne s'y ſoient montrés de bons ſoldats ; ne ſoyons donc pas ſurpris d'y trouver le goût des armes aſſez développé, d'y rencontrer même, par exception il eſt vrai & à de longs intervalles, des femmes guerrières.

Pour plus de clarté dans notre expoſé, nous ſéparerons l'Egypte des Pharaons de l'Egypte des Ptolémées.

La première, l'Egypte primitive, auſſi grandioſe par ſon antiquité réelle que par la conception de ſes vaſtes monuments, nous offre peu de femmes guerrières, & cela ſe comprend chez un peuple dont le langage figuré & ſymbolique (les colonnes & les façades de ſes temples en ſont remplies) n'oublie jamais de repréſenter les peuples vaincus qui s'étaient mal défendus par le ſigne le plus caractériſtique de la femme (1).

La reine Nitocris, appelée ſur le trône après l'aſſaſſinat de ſon frère, ne voulut profiter du pouvoir que pour venger ce dernier. Elle fit inviter à un ſplendide feſtin les auteurs du crime, & les réunit dans ce but dans une vaſte ſalle ſouterraine où, par ſes ordres, on laiſſa les eaux du Nil faire irruption, puis elle eut le courage de s'enfermer dans une chambre remplie de cendres & de s'y laiſſer mourir.

Dans l'Egypte des Ptolémées, nous rencontrons d'abord Cléopâtre, fille de Ptolémée Philometor (2). Cette reine, devenue veuve, écarta Lathyrus, ſon fils aîné, pour mettre la couronne ſur la tête d'Alexandre, ſon ſecond fils ; elle était

(1) Voyez HÉRODOTE, II, 102. Diodore de Sicile nous apprend que ſi les vaincus avaient lutté énergiquement, on les déſignait ſur les monuments par le ſigne inverſe.

(2) Celui qui, d'après la théorie de M. Vincent, aurait commencé à régner le 2 juin 181 avant l'ère chrétienne. Voyez, dans les *Comptes rendus de l'Académie des Inſcriptions & Belles-Lettres*, la ſéance du 19 juillet 1867.

redoutée à la guerre, &, pour marquer ſa force & ſon courage, ſe fit graver ſur des monnaies avec la trompe & les dépouilles d'un éléphant.

Puis nous trouvons la reine Bérénice & ſon vœu, aſſez analogue à celui que prononça plus tard Iſabelle la Catholique & dont nous dirons un mot dans un autre chapitre. Il s'agit de la femme de Ptolémée Evergète. Ce prince étant parti l'année qui ſuivit ſon mariage, l'an 246 avant J. C., pour une expédition, elle conſacra ſes cheveux à Vénus, promettant à la déeſſe de les faire couper & de les dépoſer dans ſon temple, ſi son époux revenait couronné par la victoire ; c'était prendre une part indirecte à la guerre & forcer auſſi ſon époux à penſer à elle pendant ſon abſence. Stimulé ſans doute par ce qu'il pouvait à bon droit conſidérer comme un préſage heureux, le roi d'Egypte mit ſous ſon ſceptre une portion de la Perſe, de la Médie, de la Babylonie, & rentra triomphant au palais où l'attendait la reine ; celle-ci ſuſpendit ſa chevelure dans le temple de Vénus. Cette chevelure fut enlevée la première nuit : était-ce jalouſie du roi qui ne voulut pas laiſſer cette parure naturelle de la femme qu'il aimait expoſée aux yeux des profanes ? était-ce le fait de quelque prêtre qui crut ainſi faire ſa cour au monarque ? Toujours eſt-il qu'un aſtronome galant & courtiſan prétendit avoir aperçu cette chevelure dans le firmament étoilé & appela *Chevelure de Bérénice* une conſtellation auquel ce nom eſt reſté depuis vingt & un ſiècles. La pauvre Bérénice paya du reſte fort cher ſon bonheur & la célébrité accordée à ſon vœu, car ſon propre fils, trouvant ſes conſeils trop fréquents, la fit plonger dans une chaudière d'eau bouillante.

Deux ans avant le trait susmentionné de Bérénice, femme de Ptolémée Evergète, une autre Bérénice propre ſœur du même monarque & épouſe du roi de Syrie Antiochus II, étant pourſuivie par une ancienne rivale auſſitôt ſon veuvage, s'enfermait dans Antioche & s'y défendait; mais elle ne tardait pas à voir ſon fils aſſaſſiné, à devenir elle-même priſonnière & à périr étranglée.

Hérodote nous parle de la reine d'Halicarnaſſe ou de Carie *Artémiſe* (1). Cette princeſſe, qui poſſédait, outre la ville dont elle portait le titre, pluſieurs îles voiſines (2), poſſédait une rare prudence & avait déjà fait preuve de courage ; elle avait ſuivi volontairement Xercès dans ſon ex-

(1) La même qui devint amoureuſe de Dardanus d'Abydos, et, s'en voyant mépriſée, lui creva les yeux pendant qu'il dormait, au dire de Ptolémée (*Hephœſt. apud Photium*). L'habitude de la guerre avait inſpiré une vengeance atroce à *Artémiſe*, ſi l'action citée par Ptolémée eſt véritable; heureuſement pour la mémoire d'une femme qui fit preuve d'une rare énergie, cet auteur a mêlé à ces récits plus d'une fable.

(2) Cos, Niſyros & Calydnes. Autour d'Halicarnaſſe, cette ſouveraine régnait ſur une petite partie ſeulement de la Carie.

pédition contre la Grèce & prenait vis-à-vis de lui l'avis le plus franc & le plus net. Comme on délibérait ſi l'on attaquerait de nouveau la flotte des Grecs, & que la plupart des membres du conſeil de guerre opinaient pour livrer une bataille navale, elle qui s'était diſtinguée dans les combats ſur mer livrés pendant trois jours entre l'île d'Eubée & la terre ferme, après les deux tempêtes qui avaient aſſailli la flotte des Perſes, prit ainſi la parole : « Rapportez à Xercès ce que je vais vous dire. Après ma conduite dans les derniers combats, on ne peut ſoupçonner ma lâcheté. Mon zèle m'oblige à lui donner un conſeil ſalutaire. Ne haſardez point une bataille ; ſes ſuites ſeraient inutiles ou funeſtes à votre gloire. Le but principal de votre expédition n'eſt-il pas rempli ? vous êtes maître d'Athènes. Laiſſez votre flotte dans l'inaction ; celle des ennemis ſe diſſipera, car elle manque de vivres. Pour hâter ce moment, envoyez vos vaiſſeaux vers l'iſthme de Corinthe, ceux des Grecs les ſuivront. Je crains une bataille qui expoſerait vos deux armées (1), car je connais la ſupériorité de la marine des Grecs. Vous êtes, ſeigneur, le meilleur des maîtres, mais vous avez de mauvais ſerviteurs. » Xercès loua fort la reine d'Halicarnaſſe, &, pour concilier ſon avis avec l'opinion de la majorité, or-

(1) Celles de terre & de mer.

donna à ſa flotte de s'avancer vers l'île de Salamine & à ſon armée de marcher vers l'iſthme de Corinthe. Cette marche donna raiſon à Artémiſe, car la plupart des généraux grecs demandèrent auſſitôt qu'on marchât au ſecours du Péloponèſe ; on connaît le ſtratagème de Thémiſtocle pour ſauver Athènes malgré ſes alliés ; il envoya le précepteur de ſes enfants dire à l'ennemi que les Grecs ſont frappés de terreur & veulent ſe retirer. Ce ſtratagème réuſſit, & Xercès ordonne les premières diſpoſitions du combat. Nous n'avons pas à raconter la bataille de Salamine. Artémiſe y prit une part brillante, & d'autant plus glorieuſe que les Athéniens venaient de mettre ſa tête à prix (1). A la fin de l'action, pourſuivie par Aminias qui ne la ſoupçonnait pas dans le bâtiment qu'il attaquait, & ſerrée de très-près, elle n'héſita pas, &, aſſaillant une galère de l'armée perſane (2), la coula bas (3). A cette vue, Aminias ne douta plus qu'il s'acharnait après un vaiſſeau ami & ceſſa ſa pourſuite. Suivant les uns, Xercès, en

(1) Pour 10,000 drachmes.

(2) Celle de Damaſithymus, roi de Calinde.

(3) De là ce § de Polyen (VIII, 53), qui la concerne : « Quand *Artémiſe* pourſuivait un navire grec, elle mettait le pavillon des barbares ; mais quand un navire grec lui donnait la chaſſe, elle arborait le pavillon grec, afin que ceux qui la pourſuivaient, prenant ſon vaiſſeau pour grec, la laiſſaſſent paſſer librement. » On voit la confiance que l'on doit accorder à un écrivain qui généraliſe ainſi.

voyant cet acte d'Artémiſe, penſa que le vaiſſeau coulé était de nationalité grecque, & loua la reine en ces termes : « Aujourd'hui les hommes ſe ſont conduits comme des femmes & les femmes comme des hommes. » Suivant d'autres, il aurait deviné l'artifice de l'héroïne, &, oubliant le tort qu'elle lui faiſait, ſe ferait borné à louer ſa préſence d'eſprit & ſon adreſſe [20 oct. 480 av. J. C.] (1).

Nous continuerons ce chapitre en citant Sémiramis & Rodogune qu'un même trait biographique réunit; on prétend que toutes deux partirent en guerre ſans avoir eu le temps d'arranger leurs cheveux, ce qui eſt évidemment une répétition ou une précaution oratoire : une précaution, parce qu'en effet on doit tout attendre d'une femme qui néglige les ſoins de ſon ajuſtement; une répétition, parce qu'une image ſemblable faiſant bon effet dans le diſcours, un hiſtorien a dû l'emprunter à l'autre; dans ce cas, ce ſerait l'hiſtorien de Sémiramis qui aurait commencé.

Cette reine d'Aſſyrie, à laquelle Ammien-Marcellin fait remonter l'origine des eunuques, acheva comme on le ſait de former la grande monarchie aſſyrienne, ſuccédant en cela aux projets comme à la couronne de ſon mari Ninus.

(1) *Voyage du jeune Anacharſis.* — *Hiſtoire de la Grèce ancienne*, par THIRLWALL.

Elle réussit dans cette entreprise, parce qu'elle joignait, suivant l'expression de Bossuet (1), « à l'ambition assez ordinaire à son sexe un courage & une suite de conseils qu'on n'a pas accoutumé d'y trouver ». L'Egypte, une grande partie de la Libye, l'Ethiopie, devinrent rapidement la proie de ses armes. On peut concevoir une idée de sa puissance en songeant au chiffre de trois millions de soldats que Diodore de Sicile lui attribue pour son expédition de l'Inde, qui fut à sa gloire ce que fut l'expédition de Russie à la renommée de Napoléon Ier, car elle y échoua & ne ramena que le tiers de sa fameuse armée. On rapporte qu'elle fut blessée deux fois dans la grande bataille qui se livra un peu au-delà de l'Indus, & dut son salut uniquement à la vitesse de son cheval; ajoutons que son courage & son sang-froid y contribuèrent également, car peu de femmes, le bras percé d'une flèche & l'épaule entamée par un dard, s'en feraient ainsi tirées à leur honneur. Tous les actes de cette princesse nous apparaissent entourés d'un cachet grandiose. Abandonnée dans son enfance, elle doit son élévation à sa beauté, disons mieux, à son caractère, à son énergie, car Ninus fut frappé de son courage au siége de Bactres, alors qu'elle y accompagnait son premier mari, gouverneur de la

(1) *Discours sur l'Histoire universelle*, 3e partie, chap. IV.

Syrie. Parvenue au trône, elle embellit Babylone, en fit une des merveilles du monde ; chacun connaît les détails de construction des deux palais qui ornaient cette luxueuse capitale, chacun a entendu parler de ce lac carré de 21 lieues de tour qui servit à recevoir les eaux de l'Euphrate pendant l'élévation d'une voûte servant de communication souterraine & par-dessous ce fleuve aux deux palais ; on prétend qu'elle employa deux millions d'ouvriers à ces travaux, mais ce qui peut dévoiler à nos yeux l'exagération & l'emphase orientales qui enflent ces récits, ce sont les dimensions du pont de Babylone, 10 mètres de large & 52 mètres de long, à peine les dimensions de l'un des ponts ordinaires de nos villes modernes (1). Les routes laissées par notre héroïne couronnée accusent un tout autre caractère de grandeur & de durée ; témoin celle que l'on suit encore aujourd'hui de Bagdad à Hamadan, & qui s'appelle comme jadis la voie de *Sémiramis*. Pendant son invasion de l'Egypte cette souveraine avait été consulter l'oracle du Jupiter Ammon. « Vous disparaîtrez du milieu des hommes alors que votre fils menacera votre vie, & divers peuples asiatiques vous décerneront

(1) Il est vrai qu'il servait de pont-levis, puisque son plancher était mobile & qu'on interrompait la communication pendant la nuit, mesure nécessitée par le peu de sûreté qu'offrait alors le séjour des villes; néanmoins sa largeur seule indique combien peu il devait permettre le transit.

un immortel honneur. » Auffi, quand peu après fon retour de l'Inde elle faillit être affaffinée par un eunuque (1), inftrument de fon fils Ninias, au lieu de punir elle céda la place & fe réfugia dans une retraite fi profonde qu'on ignore le lieu & la date de fa mort : quelle foumiffion aux arrêts du deftin ! & ce dernier acte ne comporte-t-il pas auffi fa grandeur ?

Rodogune appartient à l'hiftoire des Perfes & vivait plufieurs fiècles après Sémiramis. Au dire de Polyen, qui ne précife rien relativement au fait qui réunit ces deux reines, & dont nous avons apprécié, deux pages plus haut, le rapprochement, elle fe nettoyait les cheveux & fe lavait quand on vint l'avertir du foulèvement d'une nation tributaire. Elle fixe fes cheveux par un fimple nœud, fait vœu de ne rien changer à fa coiffure qu'elle n'eût dompté les rebelles, puis monte à cheval & prend le commandement de fon armée. Après une longue guerre, elle obtient la victoire. Alors feulement, raconte le même écrivain, elle fe lave ; il veut dire fans doute dans fa naïveté qu'elle achève fa coiffure & la couvre comme elle en avait l'habitude. « De là vint, ajoute-t-il, que le fceau royal

(1) Voyez la vengeance célefte fe produire fimplement, naturellement, par un fait, s'il eft vrai que Sémiramis ait la première, comme nous l'avons dit à la page précédente, inventé ce produit contre nature qui s'eft depuis fi bien implanté en Orient.

des Perſes porte pour empreinte Rodogune avec des cheveux pendants & attachés d'un nœud (1). »

En Médie, nous ne rencontrons pas de femme guerrière : mais Zarine, reine de Scythie, ſe rattache à l'hiſtoire de Cyaxare, roi des Mèdes. Ce ſouverain ayant fait égorger dans un feſtin le roi ſcythe Marmarès, elle ſuccéda à ce dernier & ſe mit ſans délai à la tête de ſon armée afin de venger ſon prédéceſſeur. Elle lutta deux ans contre les forces de Cyaxare, mais finit par être vaincue. Son vainqueur ſe nommait Stryangée; il était gendre du roi des Mèdes. Il paraît que Zarine poſſédait une beauté redoutable, car il en tomba éperdument amoureux, &, n'en pouvant rien obtenir, ſe tua de déſeſpoir. Cyaxare, ſe conduiſant avec généroſité, rendit alors la liberté à ſon ennemie qui civiliſa ſa nation, bâtit un grand nombre de villes, gouverna ſagement & fit reſpecter ſa puiſſance par ſes ſujets & par ſes voiſins.

Citons, relativement à la Lydie, la reine *Omphale :* nous pouvons en effet la conſidérer comme une femme guerrière, ſoit que nous voyions en elle la veuve du roi Tmolus, laquelle acheta Hercule de Mercure & le fit ramper à ſes pieds, conquête qui en vaut bien une autre, ſoit que nous déſignions par ce nom cette eſclave

(1) Polyen, VIII, 27.

lydienne qui profita de la vie efféminée des Lydiens pour s'emparer chez eux du pouvoir ſuprême & les punir de leurs diſſolutions (1), acte énergique & qu'elle mena à bien en prenant l'épée. Les deux verſions appartiennent, il eſt vrai, à l'hiſtoire fabuleuſe ou héroïque, mais elles ſe rattachent trop au ſujet de ce livre pour ne pas obtenir ici droit de cité.

L'hiſtoire juive nous repréſente un fait de guerre de la prophéteſſe Débora. Comme elle exhortait Barach (2) à marcher contre l'ennemi, il s'y refuſa à moins qu'elle ne vînt avec lui : elle y conſentit, marcha auſſitôt, battit l'ennemi & chanta en action de grâces un cantique demeuré célèbre (1285 av. J. C.). Cet exploit ne paralyſa point ſes moyens, puiſqu'elle gouverna encore le peuple hébreu avec ſageſſe durant quarante ans. — La même hiſtoire retrace le courage d'une femme d'Abéla, alors que le roi David, ou plutôt ſon général Joab, aſſiégeait cette ville pour y ſaiſir un des derniers lieutenants d'Abſalon ; comme la ville était aux abois, elle monta ſur la muraille, &, s'adreſſant à Joab, lui demanda de dire pourquoi l'armée de David ruinait ſes ſujets au lieu de les défendre. Le général des aſſiégeants, étonné, répondit que le roi ne faiſait

(1) *Les Deipnoſophiſtes*, par ATHÉNÉE, XII, 3.

(2) Le 3e juge d'Iſraël.

pas la guerre à la cité d'Abéla, mais au traître qu'elle renfermait ; il promit de lever le ſiége ſi on livrait ce malheureux. Cette femme retourna auſſitôt vers ſes concitoyens & les détermina à ſaiſir le coupable, à lui ôter la vie, à jeter ſa tête dans le camp de Joab. La ville fut ainſi ſauvée. — Au ſujet de David, n'oublions pas qu'antérieurement à ſa royauté, alors que les officiers de Saül envahiſſaient ſon domicile pour l'arrêter, Michol ſon épouſe parvint à les tromper, à leur faire perdre du temps, & cacha ainſi ſa fuite (1).

Les Ammonites infligeaient pour punition, aux femmes qui ſe livraient à l'eſpionnage, de raccourcir leurs jupes juſqu'au genou & de leur faire ainſi parcourir le camp au milieu des huées des ſoldats.

(1) La ſainte Bible, Ier livre de Samuel, chap. XIX.

CHAPITRE III

FEMMES GRECQUES

—

Nous ne remonterons pas au xve ſiècle avant notre ère pour montrer dans Méduſe la Gorgone tuée par Perſée, une femme ſauvage, nous n'oſons dire une femme militaire, mais enfin une femme qui, ſe ſervant d'une forêt comme refuge, faiſait des courſes juſqu'au lac Tritonis & ravageait la contrée avoiſinante (1). Nous préférons nous borner aux temps hiſtoriques.

Les femmes en Grèce pouvaient ſe croire plus deſtinées aux combats puiſque le culte païen comprenait parfois des chœurs féminins qui *ſe diſaient des injures* (2). Quoi qu'il en ſoit de cette diſpoſition, elles ont, dans cette partie du monde antique, affirmé un véritable courage & juſtifié de la ſorte Platon d'avoir propoſé, dans

(1) Reportez-vous au chap. xxi du livre II (*Corinthiques*) de Pausanias.

(2) Chez les Eginètes (Hérodote, V, 83).

ſon plan d'une République hypothétique, de les aſtreindre au ſervice militaire.

Plutarque a compoſé un traité des *Actions courageuſes des femmes* dans lequel il s'attache à retracer les traits « dignes d'être tranſmis à la poſtérité & omis par les auteurs qui ont compoſé avant lui des recueils hiſtoriques de ces ſortes de faits ». Commençons par extraire ce que ſon écrit offre de plus ſaillant en ce qui concerne les femmes grecques & leur participation à la guerre; nous expoſerons enſuite les exploits des femmes grecques que la lecture des autres auteurs nous aura permis de glaner.

Les Phocéens, étant en guerre avec les Theſſaliens, réſolvent de ne pas laiſſer tomber leurs femmes & leurs enfants aux mains de l'ennemi : à cet effet ils projettent de raſſembler les épouſes & les héritiers de tous les combattants en un même lieu, d'entourer ce lieu d'un bûcher & d'y envoyer mettre le feu s'ils étaient vaincus. De l'avis de l'un d'eux, ils conſultent auparavant les futures victimes ; celles-ci, même les enfants, *prétend-on,* approuvent la réſolution. Une telle approbation anime les Phocéens qui livrent sans héſiter la bataille & remportent une victoire complète.

Les habitantes de Chios nous apportent le contingent de deux traits. Comme leurs maris avaient promis à un adverſaire très-puiſſant de quitter leur ville en ſe contentant d'emporter chacun une tunique & un manteau, leurs femmes leur font honte d'abandonner leurs armes & leur conſeillent de défiler avec ces armes au travers des Erythréens, en aſſurant que la tunique d'un homme de cœur était ſa lance, que ſon bouclier lui ſervait de manteau; on les vit enhardis, on les laiſſa paſſer. Il paraît que ces émigrés revinrent plus tard dans Chios ou que cette ville ſe repeupla, car au ſiége qu'en fit Philippe, le 15ᵉ roi de Macédoine depuis Alexandre le Grand, les femmes de Chios, entendant le roi appeler leurs eſclaves & leur promettre avec la liberté la couche de leurs maîtres, coururent aux remparts, animèrent la défenſe, projetèrent elles-mêmes une telle quantité de dards & de pierres, que les Macédoniens durent renoncer à leur entrepriſe & ſe retirer.

Après une grande défaite ſubie par l'armée de leur patrie, les Argiennes répétèrent ce dernier trait contre Cléomène, roi de Sparte, & avec le même ſuccès; la fameuſe Teleſilla, Tyrtée femelle, les conduiſait (1). En ſouvenir on inſtitua une fête dans Argos; à cette époque les femmes revêtaient des habits d'hommes, & les hommes

(1) Elle avait armé ſes *ſoldates* avec des armes enlevées à la hâte dans les temples & les maiſons des particuliers. Pauſanias, Polyen, Lucien, Clément d'Alexandrie, Suidas parlent également de *Teleſilla*.

des habits de femmes. Puis les femmes ſans époux furent mariées à des étrangers auxquels droit de cité fut accordé ; eſt-il vrai qu'elles mépriſèrent aſſez ces maris improviſés & firent une loi d'après laquelle toute nouvelle mariée devrait porter une barbe poſtiche pour conſommer le mariage ?

Les Perſes, ayant été battus par les Mèdes d'Aſtiage, fuyaient en déſordre, quand, au pourtour d'une ville, ils rencontrent les femmes qui leur crient en ſe découvrant le ſein : « Où allez-vous ? prétendez-vous rentrer dans ce ſein dont vous êtes ſortis ? » Honteux, les guerriers de Cyrus font volte-face, renouvellent la lutte, mettent à leur tour les Mèdes en déroute.

Les Méliennes ont porté chacune une épée ſous leurs vêtements & ainſi fourni à temps des armes à leurs époux menacés d'être maſſacrés, dans un grand repas que leur donnaient les Cariens qui les avaient d'abord bien accueillis & leur avaient permis de fonder une colonie près de leur ville de Cryaſſe.

Plutarque nous rapporte des Tyrrhéniennes que, leurs maris étant priſonniers des Spartiates, elles obtinrent de pénétrer dans leurs priſons, les firent changer d'habits & favoriſèrent ainſi leur évaſion à l'abri du coſtume féminin. Une fois dehors, les Tyrrhéniens firent appel aux Hilotes, &, fomentant la rébellion de ces nombreux esclaves, effrayèrent les Lacédémoniens qui leur accordèrent la paix & leur rendirent leurs femmes. L'action des Tyrrhéniennes a souvent depuis été répétée, & de nos jours encore nous en avons vu des imitatrices (1).

Ces différents faits indiquent chez les femmes grecques une grande énergie, résultat de l'éducation, résultat aussi de la condition inférieure où on les laissait & de la façon rude dont on les traitait ; Plutarque s'en fait l'écho sans le vouloir, disant qu'Alexandre le Grand, au siége de Thèbes, touché du courage & du sang-froid montrés par Timoclée, ordonne qu'à l'avenir ses officiers ne commissent plus de pareilles violences *dans les maisons illustres* (2).

Dans un autre écrit (3), Plutarque nous montre les femmes peu propres aux travaux de Mars, mais il ajoute : « Quand l'amour les anime, elles sont capables d'entreprises au-dessus de leur sexe & même de braver la mort » ; il prétend aussi que les nations les plus sensibles à l'amour ont été les plus belliqueuses.

Polyen, à la fin du livre VIII de ses *Ruses de*

(1) Mme de Lavalette, par exemple, en 1814.

(2) Cette femme avait attiré le chef brutal qui avait abusé d'elle jusqu'au fond d'un puits, sous prétexte d'un trésor qui s'y trouvait caché, & là l'avait accablé sous une pluie de pierres projetée par elle & ses esclaves.

(3) Son traité *de l'Amour*.

guerre, reproduit plusieurs des traits cités par Plutarque avec peu d'exactitude & surtout moins d'autorité (1). Voici les principaux faits qu'il y ajoute (2) :

« Les Thasiens assiégés voulaient, dit-il, élever au dedans de leur ville des machines pour résister aux ennemis ; mais les cordages leur manquaient pour les lier. Les Thasiennes se rasèrent & donnèrent leurs cheveux, qui servirent de liens pour attacher & affermir les machines. » Le sacrifice de leur chevelure, de la part des femmes d'une ville assiégée, constitue l'une des actions les plus répétées parmi celles que rapporte l'histoire militaire ; le présent ouvrage en rapporte lui-même plusieurs exemples (3).

Pyrrhus, roi d'Epire, venait de pénétrer dans Argos, quand les Argiens se rassemblèrent en armes & le tinrent ainsi en échec sur la place publique ; durant ce temps les Argiennes montèrent sur les toits des maisons, lancèrent de là pierres & tuiles sur l'ennemi & l'obligèrent ainsi à se retirer. Dans cette occurrence Pyrrhus reçut une tuile à la tête & succomba, en sorte que les femmes argiennes eurent la gloire d'avoir vaincu & tué un guerrier de renom.

Les Acarnaniennes agirent de même quand

(1) Exemples : les Phocéennes, les Méliennes.

(2) Livre VIII, chap. LXVII à LXXX.

(3) Voyez notre mémoire sur les *Imitations militaires* pour les répétitions d'un même fait.

les Etoliens furent entrés dans leur ville, mais cette seconde fois l'événement tourna mal pour les défenseurs; les maris ne purent résister à l'ennemi & périrent tous: les femmes, redescendues du haut des bâtiments dont elles avaient jeté tout ce qui leur tombait sous la main, se mirent près des cadavres de leurs époux ou frères & s'y laissèrent massacrer.

Pendant la guerre que les Cyrénéens soutenaient contre Ptolémée, les femmes cyrénéennes servaient à l'armée; Polyen prétend qu'elles « dressaient les palissades, creusaient les tranchées, portaient les javelots, voituraient des pierres, pansaient les blessés, préparaient à manger ».

Outre ces actes militaires collectifs accomplis par des femmes, Polyen nous cite des actes isolés dont il nomme les auteurs; arrêtons-nous à ceux de ces actes qui sont les moins connus.

La femme d'un roi des Sarmates, Amage était son nom, se substitua dans le gouvernement à son mari très-adonné au vin. Elle administra sans doute sagement, mais en tout cas protégea les habitants contre les invasions ennemies, plaçant elle-même des troupes sur les frontières. Elle étendit sa protection aux localités voisines. On raconte d'elle une prouesse. Les populations de la Chersonèse s'étant plaintes à elle d'un roi des Scythes, elle l'aurait invité à cesser ses vexations, puis, ſur ſon refus, aurait pris 120 guerriers vigoureux & pleins de valeur, franchi avec eux 1,200 ſtades (1) [222 kilomètres] en vingt-quatre heures, atteint le palais du monarque récalcitrant & tué ce dernier ſans miſéricorde; avant ſon retour elle aurait donné le trône au fils du défunt ſous condition de laiſſer vivre en paix les Grecs de ſon voiſinage (2).

Citons ſeulement l'idée heureuſe d'une prêtreſſe de Minerve à Pellène, qui ſortit de la citadelle de cette ville armée de toutes pièces, à l'approche des ennemis, &, regardant ceux-ci ſans crainte, leur fit l'effet d'une apparition de la déeſſe & les intimida au point qu'ils prirent la fuite (3).

Une ſœur d'Alexandre le Grand mérite plus ample attention. Elle ſe nommait Cynnane. Exercée aux armes dès ſon enfance, elle apprit auſſi l'art de conduire les armées. Polyen aſſure qu'elle livra bataille aux Illyriens & tua elle-même leur reine d'un coup ſur la nuque; c'eſt dans cette préſence de deux femmes combattant l'une contre l'autre, quoique reines, que ſemble réſider l'invraiſemblance; une femme militaire à la fois, exceptionnellement, cela peut ſe préſenter & s'eſt vu de loin en loin,

(1) Nous ſuppoſons le ſtade olympique de 185 mètres.

(2) Polyen, VIII, 56.

(3) Idem, ibidem, 59.

comme en fait foi cette hiſtoire ; mais deux femmes militaires placées en regard & commandant chacune une armée, on peut en douter. Quoi qu'il en ſoit, Cynnane, devenue veuve du fils de Perdiccas, ne voulut pas ſe remarier & accoutuma ſa fille Eurydice au poids des armes. Après la mort d'Alexandre elle franchit le Strymon malgré Antipater, traverſa également l'Helleſpont, mais échoua contre l'armée macédonienne après avoir vainement eſſayé de la ramener, & mourut noblement en digne ſœur du grand conquérant (1).

La veuve d'un prince des environs de Dardane, appelée Tanie, avait éprouvé un ſort ſemblable. Avec l'aide de Pharnabaze, ſa priſe de poſſeſſion du pouvoir avait réuſſi. « Elle allait elle-même au combat, montée ſur un char, rapporte l'auteur des *Ruſes de guerre;* elle donnait l'ordre aux combattants, les arrangeait elle-même, &, après la victoire, diſtribuait des prix aux ſoldats ſelon leur mérite. Aucun de ſes ennemis n'obtint de l'avantage ſur elle (2). »

Ce que Polyen raconte de Thomyris, reine des Maſſagètes, n'eſt qu'une ruſe ; elle feignit de fuir, attira ainſi dans ſon camp gorgé de vivres les troupes de Cyrus, revint les ſurprendre dans

(1) Polyen, VIII, 60.

(2) Idem, ibidem, 54.

le ſommeil de l'ivreſſe & tua tous les guerriers qui en faiſaient partie (1).

Tirgatao, princeſſe méotide, renfermée dans un fort par ſon mari qui voulait épouſer une autre femme, parvint à s'échapper & à gagner après mille dangers le royaume des Ixomantes appartenant à ſon père. Elle ne trouva plus ce dernier qui venait de mourir, épouſa ſon ſucceſſeur, fit déclarer la guerre, &, raſſemblant un grand nombre d'alliés, ravagea cruellement le pays du monarque qui voulait de ſon premier mari pour gendre. Le vaincu ſoudoya des aſſaſſins contre elle, mais elle ſortit saine & ſauve de cette embûche, fit mettre à mort par repréſailles le fils de ſon adverſaire qu'on lui avait livré précédemment comme otage, continua vigoureuſement la guerre & ne s'arrêta qu'à la mort de ſon ennemi. Certes voilà une priſe d'armes de la part d'une femme grandement juſtifiée, car la princeſſe Tirgatao ſe trouvait doublement victime de l'infidélité de ſon mari & de la perfidie du père de ſa rivale (2).

Après une épouſe trompée, voici une mère qui venge ſon fils. Il s'agit de Phérétime, reine-mère de Cyrène, dont le fils Arcéſilas perdit ſes états par la révolte de ſes ſujets,

(1) Polyen, VIII, 28.

(2) Idem, ibidem, 55.

les reprit enſuite, mais fut enfin tué par les barbares du voiſinage, ſans doute à l'inſtigation de ceux qu'il venait de gouverner trop rudement après ſa reſtauration. Cette princeſſe ne céda point à de ſi cruelles épreuves, ſollicita & obtint des ſecours du ſatrape d'Egypte, à cauſe de divers ſervices qu'elle avait rendus à Cambyſe, revint dans le pays de Cyrène & y rétablit à la fois la mémoire de ſon fils & la royauté dans ſa famille.

Plutarque & Polyen ne ſont pas les ſeuls auteurs qui citent des femmes ayant pris en Grèce part à la guerre (1).

Ainſi Hérodote nous fournira plus d'un exemple à choiſir.

Je ne vous rappellerai pas la femme de Candaules, roi de Lydie, laquelle fait aſſaſſiner ſon mari par Gygès, celui-là même qui a été contraint, par le ſingulier caprice de ſon maître, de la conſidérer toute nue & d'examiner toutes ſes beautés ; ce n'eſt pas une femme qui combat, c'eſt une épouſe qui ſe venge d'une aberration & d'une haute inconvenance (2).

(1) J'ai lu en quelque endroit les exploits d'une *reine* de Thrace, nommée Sitalcé : c'eſt le réſultat d'une erreur, il s'agit d'un roi, appelé Sitalcès, en effet, & dont Diodore de Sicile parle au chap. L de ſon livre XII, comme ayant attaqué les Macédoniens avec une puiſſante armée.

(2) HÉRODOTE, I, VIII à XII. Cet écrivain ne cite pas le nom de la femme de Candaules ; des hiſtoriens l'appellent les uns *Nyſſia*, les

Je préfère citer la belle transfuge qui vint après la victoire de Platée se jeter aux genoux du roi de Sparte Pausanias & implorer son appui; elle se disait fille d'un Grec de Cos, enlevée de sa patrie par les barbares (1), devenue la maîtresse de l'un d'eux, & arrivait sur un char « toute brillante d'or, ainsi que ses suivantes, & vêtue des habits les plus superbes (2) ». Ce fait prouve que les chefs des troupes perses ne se faisaient pas défaut d'emmener leurs femmes & un attirail luxueux & embarrassant à la guerre, habitude commune à tous les chefs barbares, tels que nous les dépeignent les historiens grecs.

Pausanias (3) peut parfois compléter Hérodote. Ainsi quand ce dernier nous montre les Spartiates défaits, sous le règne de leur roi Charillus, par les Tégéates, il ne dit mot des femmes de ces derniers, & pourtant elles prirent les armes, se mirent en embuscade au pied du mont Phy-

autres *Clytia*, quelqu'un *Tudous* ou *Abro*. L'arrière-petit-fils de Gygès, qui se nommait Alyattes, & fut le père de Crésus, employa contre les Milésiens des flûtes *féminines* (Hérodote, I, xvii), mais il s'agit ici de flûtes percées d'un plus grand nombre de trous que les flûtes dites *masculines*, & non de femmes portant des flûtes & accompagnant une armée en qualité d'instrumentistes.

(1) On appelait alors ainsi en Grèce tous les peuples qui n'étaient pas d'origine grecque; nous disons de même par habitude, car nous sommes, au moins intellectuellement, les fils, les successeurs, si on l'aime mieux, des Grecs & des Romains.

(2) Hérodote, IX, lxxv.

(3) Livre VIII, chap. v & xlviii.

laćtris, fondirent fur l'ennemi déjà aux prifes avec leurs maris & les mirent en déroute. C'eft bien là une aćtion de guerre accomplie par les femmes; en nous l'apprenant, Paufanias ajoute qu'une ftatue du dieu Mars fut élevée fur la place de Tegée & furnommée le Gynœcothène ou le convive des femmes.

Le même auteur (1) relate un conte d'après lequel on entendait chaque nuit dans la plaine de Marathon, & depuis la célèbre bataille qui y fut livrée, des henniffements de chevaux & un bruit de combattants; la tradition veut encore que fur ces lieux on entende des voix de femmes gémiffant, mais cela ne fignifierait nullement que les femmes euffent pris part à cette aćtion. Le dire de Paufanias ne peut donc être pris ici qu'à titre de renfeignement.

Trogue Pompée nous retrace l'aćtivité énergique des femmes lacédémoniennes, difant : « Au fiége de Sparte (l'an de Rome 492) Pyrrhus fut reçu avec plus de rigueur par les femmes que par les hommes; les femmes accoururent en fi grand nombre pour défendre la ville qu'elles le forcèrent à fe retirer avec plus de honte encore que de dommage (2). » Décidément,

(1) Livre I, chap. XXXII.

(2) JUSTIN, *Hiftoires philippiques*, extraites de Trogue Pompée, XXV, IV.

Argiennes ou Lacédémoniennes, les femmes de la Grèce en voulaient à ce grand capitaine (1).

Diodore de Sicile (2), au chapitre LXVII de ſon dix-neuvième livre (3), nous montre, au milieu des luttes ſuſcitées par la mort du grand Alexandre, une femme de tête, dans la perſonne de Cratéſipolis, femme d'Alexandre, lui-même fils de Polyſperchon (4). Cet Alexandre réſiſtait à Caſſandre &, en occupant l'iſthme de Corinthe, l'avait empêché de pénétrer dans le Péloponèſe; il partit enſuite de Sycione avec ſon corps de troupes, & fut aſſaſſiné en route. Auſſitôt ſa femme prit le commandement de ſes troupes dont elle était très-aimée, & ſa bienfaiſance envers les ſoldats, rapporte notre auteur, les ſoulagements qu'elle apportait au ſort des malheureux, les ſoins qu'elle prenait des indigents lui avaient concilié l'affection générale de l'armée : elle était de plus d'une grande habileté pour le

(1) Le ſiége de Sparte par Pyrrhus précède chronologiquement celui d'Argos, mais nous ſuivons dans le texte l'ordre des auteurs & non celui des temps.

(2) Cet écrivain admet des Amazones parmi ſes contemporaines, mais ſans rien préciſer, ſe bornant à dire : « Les Amazones de la Lybie l'emportent en bravoure, dans un degré non moins élevé, ſur toutes les femmes de nos jours auxquelles on puiſſe les comparer » (III, LII).

(3) Voyez préalablement le chap. LIV.

(4) Polyſperchon, général d'Alexandre le Grand, remplaça comme régent Antipater, fut attaqué par Caſſandre, fils de ce dernier, & réduit à la poſſeſſion de quelques villes du Péloponèſe.

gouvernement & douée d'un courage fort au-dessus de celui qu'on doit attendre d'une femme. Les Sycioniens essayèrent de secouer le joug ; elle marcha contre eux, livra bataille, leur tua beaucoup de monde ; aussitôt sa victoire, elle fit arrêter & mettre en croix une trentaine des plus séditieux, puis elle gouverna souverainement Sycione (315 avant J. C.) jusqu'à sa mort qui arriva l'année d'après, suivant les uns ; jusqu'à l'an 308, où elle livra la ville à Ptolémée (1), suivant les autres.

(1) Il s'agit du premier des Ptolémées, & non de Ptolémée Philometor, dont nous avons cité au chap. II la fille Cléopâtre.

CHAPITRE IV

FEMMES DE LA PÉRIODE ROMAINE

—

L'hiſtoire militaire des femmes romaines doit commencer par le trait de Clélie, qui montra une audace virile à la fin du ſiége mis devant Rome par Porſenna, roi de Cluſium & allié de Tarquin le Superbe, naguère expulſé de la ville éternelle; nous joindrons ſeulement à ſon nom celui de Valeria, fille du conſul Publicola. Voici le fait tel que le rapportent les hiſtoriens.

Tarquin le Superbe ayant froiſſé Porſenna que les Romains voulaient prendre pour arbitre entre eux & lui, ce monarque ne tarda pas à conclure la paix. On lui donna pour otages dix jeunes gens & dix jeunes filles ; Valeria, fille du conſul Publicola, & Clélie, ſe trouvaient au nombre de ces dernières. Au camp du roi de Cluſium ces jeunes filles jouirent d'une certaine liberté, car Porſenna était confiant dans la parole donnée & avait même renvoyé une partie de ſon armée. Un jour elles allèrent ſe baigner. Au milieu de leurs jeux aquatiques elles remarquèrent l'abſence de toute ſurveillance à leur égard ; Clélie propoſa de retourner à Rome. Elles le firent en franchiſſant le Tibre à la nage ; mais, à peine arrivées, le conſul les blâma d'avoir manqué à la foi jurée, les fit reprendre & reconduire. Tarquin les attaqua en route ; heureuſement elles poſſédaient une eſcorte. Une eſcarmouche s'engagea, au milieu de laquelle Valeria franchit bravement les rangs ennemis & regagna la première, accompagnée de trois ſervantes, ſon poſte d'otage qu'elle n'aurait jamais dû quitter. Le fils de Porſenna vint au ſecours des jeunes Romaines, & toutes furent ainſi ramenées au camp de ſon père. A cette nouvelle, ce dernier les fit appeler & demanda laquelle avait donné l'exemple aux autres & déterminé leur fuite : ſon ton était ſévère, on n'oſait généralement répondre : « C'eſt moi », dit ſimplement Clélie. Le roi de Cluſium, charmé de ſa déciſion, lui fit don d'un cheval magnifiquement harnaché & la renvoya ainſi que toutes ſes compagnes (1). Etait-ce ſimple hommage à des qualités viriles & ſurtout à une franchiſe louable & méritante, ou bien Clélie avait-elle accompli quelque action courageuſe dont l'hiſtoire ne nous

(1) PLUTARQUE, *Vie de Publicola* & *Actions courageuſes des femmes*, § conſacré à *Valeria* & *Clélie*.

a rien retracé? J'inclinerais volontiers vers cette ſeconde ſuppoſition.

Paſſons au récit qui concerne Camille & ſes compagnes, récit imaginé ou tout au moins embelli par Virgile, mais qu'il nous faut placer ici à ſon ordre chronologique. Cette femme guerrière était fille du roi des Volsques Métabus. Adonnée dès ſon enfance aux exercices de la guerre & de la chaſſe, elle y avait contracté une grande légèreté à la courſe & de l'habileté au tir de l'arc. Elle vint, on le ſait, au ſecours de Turnus contre Enée & fut tuée par trahiſon (1). Même conſidérée comme purement imaginaire, cette fable fait voir que l'on admettait alors la participation des femmes à la guerre (2).

Au temps d'Hannibal nous rencontrons en Eſpagne comme femmes guerrières les Salmantides. Plutarque raconte ainſi le fait dans ſon traité ſur les *Actions courageuſes des femmes :* « Hannibal aſſiégeait Salmantique, ville d'Eſpagne, lorſque les habitants lui offrirent 300 talents d'argent & 300 otages. Il ſe retira, mais la cité ne tenant pas ſes promeſſes, il revint & promit le pillage à ſes ſoldats. Cette fois, effrayée, la population livra toutes ſes richeſſes, y compris les

(1) Voyez *Enéide,* livres VII & XI.

(2) Une autre Camille périt aſſaſſinée par ſon frère Horace, après le combat des Horaces & des Curiaces (667 av. J. C.), mais ce n'eſt pas une femme militaire.

efclaves, à condition que les perfonnes des citoyens feraient libres. En quittant leurs foyers, les femmes cachèrent des épées fous leur vêtement. Comme les Carthaginois pillaient la ville abandonnée, la garde maffylienne chargée de veiller fur les prifonniers eut également envie de s'enrichir & déferta en partie fon pofte. Alors les Salmantides, profitant de l'occafion, armèrent leurs maris contre les Maffyliens; plufieurs combattirent avec eux, & l'une d'elles bleffa d'un coup de lance un interprète nommé Bannon. Après l'action, les habitants, hommes & femmes, s'enfuyaient, quand Hannibal les atteignit & en maffacra un grand nombre. Les autres gagnèrent les montagnes; ils obtinrent plus tard du vainqueur de rentrer dans la ville. »

Nous trouvons mentionné, mais sans détail précis, des Amazones albaniennes lorfque Pompée défit ces peuples & tua leur roi; Plutarque en parle dans fa *Vie de Pompée.*

Au fiége de Salone par Octave, les femmes de la ville intervinrent d'une façon inattendue. Formées en un corps de troupes, toutes vêtues de noir, armées d'un flambeau & les cheveux flottant au vent, elles fortirent la nuit hors des remparts & fe préfentèrent devant le camp romain. Les fentinelles, les regardant comme des fantômes, fe prirent de panique & fuirent : profitant de cet abandon, elles mirent le feu aux travaux de l'affiégeant pendant que les hommes qui les fuivaient firent main baffe fur les fuyards.

C'eft au fujet des femmes de la première période romaine, ou fi l'on veut contemporaine de Rome République, que Machiavel, venant de raconter comment la ville d'Ardée avait été obligée d'appeler du fecours à la fuite d'une fédition caufée par un mariage, préfente la réflexion fuivante, qui fe lie à l'hiftoire militaire du fexe féminin, car les conjurations entraînent fouvent la guerre extérieure indépendamment de la lutte inteftine par laquelle le complot formé aboutit : « On peut remarquer que les femmes ont été la caufe d'une foule d'événements funeftes, l'occafion de grands malheurs pour ceux qui gouvernaient une cité, & qu'elles y ont fait naître de nombreufes divifions. Comme on a vu dans cette même hiftoire que l'outrage fait à Lucrèce renverfa du trône les Tarquins, de même celui que fubit Virginie précipita les décemvirs de leur puiffance. Auffi Ariftote regarde comme une des principales caufes de la ruine de la plupart des tyrans les outrages commis envers les femmes (1). » Dans un précédent chapitre le même auteur avait émis cette penfée énergique : « Un tyran ne peut tellement déshonorer un homme dans la perfonne de fa femme,

(1) *Difcours fur Tite-Live*, III, XXVI.

qu'il ne lui reſte une âme acharnée à la vengeance (1). »

Parlons actuellement des femmes guerrières que nous préſente l'hiſtoire de l'empire romain ; nous entendons ſeulement celles qui combattirent ſur les champs de bataille contre l'ennemi, & non des femmes qui ſervirent comme gladiateurs, car on oſa en employer à ce criminel métier, comme nous le rappelle Montaigne (2). Nous ne dirons rien non plus de l'aïeule & de la mère (3) d'Héliogabale, qui prirent part aux délibérations du ſénat romain; nous négligerons ſurtout le ſénat de femmes créé par ce ſouverain ; il n'y eut là, en effet, aucune fonction militaire, aucun acte de guerre.

Mais nous rappellerons qu'en l'an 9 de J. C., par conséquent à la fin du règne d'Auguſte (4), lorſque Germanicus aſſiégeait la ville dalmate d'Arduba, les nombreux transfuges renfermés dans cette cité refuſaient de ſe rendre, n'eſpérant aucun quartier, tandis que les habitants inclinaient à capituler. De la conteſtation on en vint à une rixe, à un combat intérieur, et, fait à noter, les femmes, plus déſireuſes de conſerver

(1) Même ouvrage, III, vi.

(2) II, xxiii. Sous l'empereur Sévère, on défendit aux femmes de prendre part aux combats de gladiateurs (Diodore, livre LXXV).

(3) Meſa & Soemis.

(4) Mort en l'an 12.

leur indépendance que les hommes, se déclarèrent pour le parti des transfuges. Les habitants l'emportèrent & ouvrirent leurs portes. Alors désespérées, les femmes se laissèrent aller à un parti extrême, &, pour ne pas souffrir la servitude, se jetèrent dans les bras de la mort, les unes en montant sur des bûchers allumés, les autres en s'abandonnant au cours de la rivière, toutes avec leurs enfants. L'histoire ne dit pas que les hommes se soient opposés à cet acte de désespoir, &, dans un cas semblable (1), elle ne se préoccupe pas, durant l'antiquité, de le dire.

Sous Néron apparaît une compagnie d'Amazones romaines.

L'an 239, l'empereur Maximin, déclaré déchu par le sénat, accourut de la Gaule où il combattait & vint en Italie avec le projet de tout mettre à feu & à sang. La ville d'Aquilée lui ferma ses portes. Pendant le siége les Aquiléennes soutinrent les défenseurs par leur énergie, &, voyant les cordes manquer pour le service des catapultes & autres machines de guerre, elles n'hésitèrent pas à couper leur chevelure, à les unir, à les tresser. En mémoire de ce trait, le sénat fit élever un temple à Vénus la Chauve.

Dans la seconde moitié du IIIe siècle de notre ère nous trouvons, sur les marches du trône,

(1) Voyez le chapitre suivant au sujet des femmes germaines prisonnières de Caracalla.

une femme furnommée la *Mère des Armées*. Nous voulons parler d'Aurelia Victorina, mère du tyran Victorin. Elle fe mit à la tête de plufieurs légions, les conduifit avec intelligence & devint redoutable pour Gallien. Après la mort de fon fils & de fon petit-fils, elle fit élire Marius, puis Tétricus (268 dep. J. C.), & quitta elle-même ce monde peu de mois après cette dernière nomination.

Le triomphateur de Tétricus, l'empereur Aurélien, avait époufé Ulpia Severina, l'une des defcendantes de Trajan, qui avait, comme ce fouverain & comme fon propre père, Ulpius Crinitus, les inclinations guerrières; elle accompagna Aurélien dans fes expéditions & s'occupa des foins à donner aux foldats au point de mériter leur affection (270 à 275).

Severina fe trouva donc en relations avec la reine de Palmyre Zénobie. On fait que cette dernière eft une des femmes guerrières les plus illuftres de l'antiquité. Iffue, difait-elle, de la race des Ptolémée, elle époufa un prince sarrazin, Odonat, & contribua aux victoires qu'il remporta fur les Perfes au profit de l'empire grec. A la fuite des fervices ainfi publiquement rendus, ce prince fut affocié à l'empire par Gallien & déclaré Augufte; fa femme partagea fa haute fortune qu'elle avait préparée par fes confeils & affermie par fes actes, voire même par fa participation aux combats. C'était le temps où Valérien, prisonnier de Sapor (1), vieilliſſait chez les Perſes; le nouvel Auguſte ſongea pluſieurs fois à obtenir ſa délivrance, &, aidé de ſa femme, combattit avec énergie dans ce but; mais il ne put s'y employer excluſivement, & fut détourné du ſiége de Cteſiphon par les incurſions des Goths dans l'Aſie Mineure. Après s'être porté contre ces derniers, il fut aſſaſſiné dans un feſtin (267 dep. J. C.). Sa veuve, malgré la ſituation critique où cet événement la plaçait, gagna les troupes palmyréniennes, fit punir l'aſſaſſin, raſſembla des forces nombreuſes, & vainquit avec elles, ***viriliter imperante,*** dit Pollion, une armée que Gallien envoya contre elle pour lui arracher, ainſi qu'à ſes enfants, la part d'autorité qu'il avait précédemment concédée à cette famille. Cette victoire affermit la couronne d'Orient ſur ſa tête. Après la mort tragique de Gallien (tous ces empereurs finiſſent violemment), ſon ſucceſſeur, Claude II, jugea prudent de laiſſer à Zénobie l'adminiſtration de ſes États; cette dernière mit à profit cette trêve forcée, s'entourant d'un luxe mitigé par l'économie & d'une étiquette que tempérait l'affabilité; elle ſe ménagea des alliances & groupa plus d'un chef voiſin autour d'elle. Ecoutons l'un de ſes plus conſciencieux

(1) Les armées de Sapor comprenaient quelques femmes guerrières. (Voyez les *Annales* de Jean ZONARAS.)

hiſtoriens (1) ſur ſon mode de repréſentation dans ce période de ſa vie : « Paroiſſoit-elle ſur ſon tribunal pour haranguer ſes troupes ou les habitants des villes? c'étoit Sémiramis, c'étoit Didon ou Cléopâtre, qu'on croyoit entendre en l'écoutant. Aux grâces d'un extérieur qu'on n'oſe décrire, crainte d'en ternir l'éclat, aux avantages d'une voix touchante & ſonore, l'impératrice-reine de Palmyre joignoit encore les ſecours de l'art : *art mâle & guerrier;* il conſiſtoit en partie à ne ſe montrer en public qu'avec la pourpre des empereurs, dont la frange & le nœud étoient enrichis de pierreries; le caſque en tête, toujours ceint du diadème; le bras droit libre & découvert; dans l'attitude, en un mot, la plus capable d'exciter l'enthouſiaſme ou l'extaſe, d'inſpirer à ſes ſujets, anciens ou nouveaux, militaires ou autres, un zèle ardent pour ſa gloire qui lui promettoit les plus grands ſuccès. » Elle adopta bientôt des viſées plus ſérieuſes & moins d'apparat. Par ſuite d'une bonne adminiſtration, à laquelle elle avait participé du vivant de ſon époux, ſes coffres ſe trouvaient remplis; elle utiliſa cette reſſource pour ſoumettre l'Egypte. Une première armée envoyée par elle réuſſit dans cette expédition & mit 5,000 hommes de garniſon dans Alexandrie; cette garniſon ayant été

(1) Euvoi de Hauteville, *Hiſtoire de Zénobie*, in-12. Paris, chez les frères Eſtienne, 1758, p. 184.

chaſſée par le général romain Probatus, notre héroïne équipa une ſeconde armée, qui, d'abord vaincue, reprit le deſſus & s'empara définitivement de l'Égypte. Pendant ce temps Zénobie conquérait elle-même l'Aſie Mineure juſqu'à Ancyre, juſqu'à la Chalcédoine, juſqu'à l'Euphrate, où elle bâtit un fort qui fut trois ſiècles plus tard réparé & augmenté par Juſtinien; malheureuſement les chroniqueurs ne nous ont laiſſé aucun détail ſur ces expéditions glorieuſes dirigées en perſonne par cette femme célèbre. Son but, en s'agrandiſſant de la ſorte & en augmentant ſa réputation, était, non de ſe ſéparer de l'Empire romain, mais d'obtenir pour ſon fils une aſſociation à l'Empire & le rang d'Auguſte; mais Aurélien, à peine proclamé empereur, ne voulut pas y conſentir. Bientôt même il marcha contre elle juſque ſous les murs d'Antioche, & là lui livra bataille. Zénobie, qui prenait part à toutes les fatigues du ſoldat, ſut animer & engager habilement les ſiens; elle allait vaincre, quand ſa cavalerie, apercevant la cavalerie romaine qui s'arrêtait & ſemblait même ſe retirer par ruſe, ne ſe donna pas le temps d'examiner cette manœuvre trompeuſe, s'abandonna à ſa fougue, s'avança trop, ſe compromit en laiſſant l'infanterie palmyrénienne à ſes propres forces, & produiſit un revirement funeſte. Définitivement battue, Zénobie ſe retira dans Antioche, y paſſa une nuit, traverſa enſuite une grande étendue de pays & ſe fixa aux environs d'Emèſe, où elle parvint à raſſembler une armée de 70,000 hommes, palmyréniens, arméniens ou arabes. Une nouvelle bataille s'engagea ſur ce point; malgré les recommandations de Zénobie à ſes ſoldats de modérer leur ardeur, les mêmes faits qui avaient ſignalé l'action ſous Antioche ſe reproduiſirent, & notre héroïne eut la douleur d'être vaincue une ſeconde fois. Elle ſe retira dans Palmyre. Cette place, forte par ſon aſſiette, pourvue de machines, de vivres, occupée par une nombreuſe garniſon, offrait un excellent refuge. Notre héroïne profita de cette ſituation, anima les ſiens, ſe défendit longtemps. Aurélien ne ſe découragea pourtant pas; il gagna du terrain & enfin recourut à des pourparlers; ſeulement, dans le but d'éviter la ſingularité de demander la paix à une femme, il s'adreſſa à la fois & à Zénobie & à ſes principaux officiers, affectant de conſidérer ceux-ci comme des aſſociés, diſons mieux, des alliés de la reine de Palmyre. « Il vous ſera libre, à vous Zénobie, diſait-il, de vivre avec votre maiſon là où j'aurai fixé votre réſidence, après avoir pris l'avis du ſénat... Les Palmyréniens ſeront maintenus dans leurs anciens droits. » La reine, à laquelle il ne conſentait à reconnaître aucun titre, lui répondit : « Zénobie, reine de l'Orient, à Auguſte... Ignorez-vous donc que Cléopâtre aima mieux mourir avec le titre de reine que de ſurvivre à ſa dignité ? Nous attendons les ſecours des Perſes, des Arméniens, des Sarrazins. » Malgré la fierté de ſa réponſe, le terme de la puiſſance de notre héroïne approchait. Les ſecours attendus par elle furent battus ou interceptés, & avec eux diſparut pour la ville aſſiégée l'eſpoir d'être ravitaillée. Alors Zénobie forme le projet d'aller chercher elle-même les vivres qui commencent à manquer ; la miſſion offre des périls, mais elle eſpère les ſurmonter. A peine ſortie de la ville, elle ſe voit pourſuivie ; elle gagne de viteſſe, mais, rejointe près de l'Euphrate, elle devient priſonnière. On la ramène près d'Aurélien ; queſtionnée ſur ſa hardieſſe à tenir tête à des empereurs romains : « J'ignorais qu'il y eût encore des hommes méritant ce titre, mais vos ſuccès m'ont ouvert les yeux ; vous m'avez vaincue, Aurélien, & je vois enfin un empereur. » Cette fière réponſe annonçait une grande dignité naturelle ; c'eſt que Zénobie n'était pas une femme ordinaire, & pourtant Aurélien ne ſe laiſſa pas prendre à l'éloge qu'elle lui décernait. Demeurant dans une froide réſerve, ſe retranchant derrière ſon rang, le vainqueur fit conduire ſa captive à Emèſe, & là mettre à mort ſous ſes yeux les principaux défenſeurs de Palmyre dont la reddition n'avait pas tardé. Plus tard il la produiſit pendant ſon triomphe au travers des rues de Rome (1), & la montra ſi chargée de perles & de bijoux, qu'elle ſuccombait ſous le faix, puis il lui concéda, dans Tivoli même, un domaine où elle finit ſes jours (2). Diſons en terminant ce qui concerne cette princeſſe, & à ſon éloge, que Boſſuet & Boileau lui ont rendu le meilleur témoignage. C'eſt d'elle que le premier a dit avec cette double autorité du talent & du caractère : « Elle ſe rendit célèbre par toute la terre pour avoir joint la chaſteté avec la beauté, & le ſçavoir (3) avec la valeur. » Boileau s'eſt exprimé en ces termes ſur les leçons d'éloquence qu'elle avait demandées au célèbre philoſophe Longin : « Il ſuffit, pour faire l'éloge de Longin, de dire qu'il fut conſidéré de Zénobie, cette fameuſe reine des Palmyréniens. Elle avoit appelé d'abord Longin auprès d'elle pour s'inſtruire dans la langue grecque; mais de ſon maître en grec elle fit un de ſes principaux miniſtres (4). » Quant à ſes talents militaires, ils ſont

(1) Parmi les trophées de ce triomphe figuraient *dix femmes priſes les armes à la main* dans la dernière bataille gagnée par Aurélien contre les Goths, un peu avant le ſiége de Palmyre.

(2) Au XIXe ſiècle une autre femme a reçu parfois, preſque dans les mêmes pays que Zénobie, le nom de reine, mais c'était une ſorcière ou tout au moins une prophéteſſe aux yeux des Bédouins. Il s'agit de lady Eſther Stanhope.

(3) Elle aurait, dit-on, compoſé un ouvrage ſur l'hiſtoire d'Alexandrie & des principales monarchies de l'Orient.

(4) Préface de la traduction du *Traité du Sublime*, de LONGIN. Boileau répète enſuite l'aſſertion de l'écrivain Zoſime (du Ve ſiècle),

hors de doute par le rôle qu'elle joua, ſurtout après la mort de ſon mari, par les ſuccès qu'elle obtint les armes en main, & auſſi par le témoignage unanime des contemporains ; d'ailleurs, ſi elle avait été peu redoutable ſous ce rapport, Aurélien ſerait-il venu en perſonne pour la combattre & principalement pour détruire une influence politique que ſon prédéceſſeur avait reconnue & qui croiſſait ſans ceſſe (1) ?

Enfin la fille du patrice Pétrone, Annia Dominica, épouſe de l'empereur Flavius Valens, douée d'un eſprit opiniâtre, ainſi que d'un caractère violent & cruel, ſe diſtingua par ſa défenſe de Conſtantinople contre les Goths, qu'elle repouſſa, alors qu'ils arrivaient glorieux d'avoir défait ſon mari près d'Andrinople & de l'avoir brûlé dans une chaumière (378).

d'après lequel elle aurait rejeté ſans généroſité, vis-à-vis d'Aurélien, ſa réſiſtance ſur ſes miniſtres & notamment ſur Longin : ce fait cadre peu avec la nobleſſe connue du caractère de cette ſouveraine.

(1) L'abbé d'Aubignac a donné, vers 1658, une tragédie *en proſe* (nous dirions aujourd'hui un *drame*) intitulée *Zénobie*, & qui n'a obtenu aucun ſuccès.

CHAPITRE V

PÉRIODE BARBARE JUSQU'A CHARLEMAGNE

—

Sans nous fournir de femmes militaires proprement dites, la Gaule offre à nos yeux des exemples rares de vertu & d'énergie féminines. Afin de ne pas remonter aux druideſſes, nous citerons, dans la Gaule aſiatique ou Galatie, la chaſte *Chiomara* & la fidèle *Camma*, dont la fermeté & le ſang-froid ont ſu tirer une digne vengeance de ceux qui avaient outragé ou tué leur époux. M. Amédée Thierry fait, dans ſon *Hiſtoire des Gaulois* (1), un récit de la conduite de ces deux dernières femmes, qui nous ôte toute velléité de lutter avec lui; nous renvoyons donc au texte même de cet excellent ouvrage.

Ce en quoi, ſinon les femmes gauloiſes proprement dites, au moins les Liguriennes, c'eſt-à-dire les femmes de ces pays qui avoiſinaient le Rhône, principalement à l'occident, entre ce

(1) Livre III, chap. IV

fleuve & les Pyrénées, ce en quoi elles jouent un rôle militaire, c'eſt que leurs maris les conſultent (1) parce qu'ils ont foi dans leur ſens éclairé & pratique, dans leur perſpicacité native, dans leur équité, dans la ſolidité de leur jugement; ils les conſultent dans la guerre comme dans la paix. Les femmes devaient cette autorité morale à leur intervention heureuſe dans une grave diſſenſion, intervention qui avait empêché une guerre civile (2). Déjà en Ligurie, où cet uſage était plus marqué, lors de l'expédition d'Hannibal, il avait fallu que le conquérant ſe prêtât à l'examen de ſes demandes par les femmes liguriennes, & cela dans les conférences de Ruſcinon (3).

(1) Les Hurons, & en général les peuplades de l'Amérique, faiſaient de même. Voyez à ce ſujet les rapprochements préſentés par M. Guizot comme exiſtant entre les anciens Germains & les barbares modernes (*Hiſt. de la civiliſation en France*, 7e leçon).

(2) Le témoignage de Polyen eſt formel : « Il y avait, dit-il, parmi les Celtes, une ſédition inteſtine, & l'on armait déjà pour ſe faire la guerre. Leurs femmes, ſe préſentant au milieu des troupes armées, demandèrent quelles étaient les cauſes du différend, & les ayant entendues, elles en portèrent un jugement ſi ſain, qu'elles rendirent les hommes amis & établirent la paix dans les villes & les maiſons. Depuis ce temps-là, quand les Celtes avaient à délibérer ſur les affaires publiques, ſoit pour la paix ou la guerre, entre eux ou avec leurs alliés, les réſultats ſe formaient par l'avis des femmes. C'eſt d'où vient que l'on trouve écrit dans les traités d'Hannibal : « Si les Celtes portent leurs plaintes aux Carthaginois, les généraux de la cavalerie & de l'infanterie des Carthaginois jugeront le différend, mais ſi les Carthaginois portent leurs plaintes aux Celtes, ce feront les femmes des Celtes qui jugeront. » (Polyen, VII, l.)

(3) Sur l'emplacement de Caſtel-Rouſſillon, près Perpignan.

Les Germains, comme les Gaulois, penſaient que les femmes poſſédaient quelque choſe de ſacré & l'inſpiration néceſſaire pour devenir les interprètes des dieux. Toujours quelque prophéteſſe avait leur confiance &, ſi elle réuſſiſſait dans ſes prédictions, ils l'honoraient preſque comme une déeſſe.

La plus célèbre eſt Velléda (1), celle qui figure dans les guerres de Civilis (70 dep. J. C.) contre les Romains (2). Tacite nous rapporte qu'elle appartenait à la nation des Bructères. Son autorité grandit parce qu'elle avait prédit le triomphe des Germains & la deſtruction des légions romaines (3). De tous côtés on lui envoyait des préſents, & ceux qui venaient la conſulter étaient de véritables ambaſſadeurs. En général, « il ne leur était permis ni de la voir, ni de l'entretenir; on les écartait de ſa préſence, afin d'augmenter la vénération. Placée au haut d'une tour, elle conſervait près d'elle un parent de ſon choix, qui était comme le meſſager de ſa divinité, & portait ſes réponſes à ceux qui la conſultaient (4). »

(1) Chateaubriand introduit la druideſſe *Velléda* dans ſon poëme des *Martyrs*, & nous la montre au moment où elle cherche la mort, pouſſant au milieu des rangs gaulois les chevaux qui traînent ſon char.

(2) Après les ſuccès des Romains, elle aida Cerealis dans la pacification du pays, mais, ayant enſuite excité une nouvelle inſurrection, elle fut priſe & conduite à Rome.

(3) *Hiſtoire*, IV, LXI.

(4) TACITE, *Hiſtoire*, IV, LXV.

Le tableau de la coopération des femmes germaines à la guerre a été tracé en ces termes par Crevier (1) : « Tous les Germains d'une même famille, d'une même parenté, s'aſſemblaient en compagnies, en eſcadrons (2), en bataillons ; leurs femmes & leurs enfants les accompagnaient à la guerre. Les cris des unes, les pleurs des autres, entendus des combattants, les ſoutenaient dans les périls. C'étaient là pour eux les témoins les plus reſpectables, les panégyriſtes les plus flatteurs. Ils allaient préſenter à leurs épouſes, à leurs mères, les bleſſures qu'ils avaient reçues, & celles-ci ne craignaient pas de compter ces bleſſures, de les ſucer. Elles leur portaient des rafraîchiſſements au combat, elles les animaient par leurs exhortations. Souvent on les a vues relever le courage des troupes déjà conſternées, & les faire retourner à l'ennemi par des prières tendres & preſſantes, par leur fermeté à ſe préſenter devant les fuyards pour les arrêter, ou par les reproches qu'elles leur faiſaient ſur la captivité à laquelle elles allaient être expoſées & dont elles leur mettaient l'image ſous les yeux. »

Le règne de l'empereur Caracalla nous fournit

(1) *Hiſtoire des Empereurs romains.* Paris, in-12, 1766, chez Saillant & Deſaint, tome I, p. 230, 231.

(2) Les eſcadrons étaient rares chez les Germains, & c'eſt d'eux que Tacite a dit : *Omne robur in pedite.*

un trait intéressant sur les femmes germaines. Ce prince, n'ayant pas trop réussi contre ces peuples, acheta d'eux la paix ; pourtant il obtint du succès dans plusieurs rencontres & fit des prisonnières. Comme il leur laissait le choix d'être tuées ou vendues, elles préférèrent la mort, montrant de la sorte autant de fierté que de courage. On les vendit néanmoins comme esclaves; alors presque toutes se donnèrent la mort qu'on leur avait refusée, & plusieurs tuèrent leurs enfants avant elles ou avec elles (1).

Chez les races scandinaves il existait une tradition née, semble-t-il, du souvenir d'anciennes femmes guerrières : au-dessous du dieu de la guerre, *Tyr,* ou plutôt de sa femme *Hilda* (2), la mythologie de ces peuples représentait un bataillon spécial de vierges chargées, durant les batailles, non-seulement des soins à donner aux blessés & du port des boucliers des principaux guerriers, mais aussi de prendre elles-mêmes part à la lutte & de seconder l'action des combattants.

Nous trouvons des guerrières chez les Scots, les Pictes & les Bretons.

(1) Quelle sauvage énergie! Des dernières nous serions tentés de dire aujourd'hui : étaient-ce des mères? Mais alors la vie humaine comptait pour si peu de chose!

(2) La racine *Hild* restée en honneur forme le commencement de plusieurs noms propres.

Celles des Scots portent une lance & ceignent un ſabre à mi-hauteur de leur corps nu.

Celles des Pictes paraiſſent en outre armées d'un certain nombre de javelots qu'elles ſont habiles à lancer.

Dès l'an 61 de notre ère, Suetonius Paulinus combat dans l'île de la Bretagne & a pour adverſaire, à la tête des ennemis, une femme; chez les Bretons, en effet, les deux ſexes étaient admis au commandement. On appelait cette reine Boadicée ou Boudicea. Montée ſur un char, avec ſes deux filles, elle parcourait les rangs & exhortait les ſiens à bien faire. D'une grande taille, rehauſſée par une longue chevelure déliée & flottant ſur ſes épaules, ainſi que par une caſaque militaire attachée ſur le devant du cou avec une agrafe, elle avait le regard fier, l'air martial. Tacite met dans ſa bouche les paroles ſuivantes (1) : « Les Bretons ſont habitués à combattre ſous la conduite des femmes ; mais dans ce moment, pour moi, deſcendante de tant de perſonnages illuſtres, il ne s'agit pas de recouvrer mon royaume & mes richeſſes, il s'agit de lutter comme un particulier pour venger ma liberté perdue, mon corps accablé de coups, la pudicité de mes filles perdue. La brutalité des Romains eſt telle, que l'âge n'exempte pas de leurs ou-

(1) *Annales*, XIV, xxxv, traduction La Baſtide, 1812

trages. Les dieux feconderont notre vengeance... une légion a déjà été battue... les autres n'ofent s'échapper de leur camp... Le nombre des combattants, les motifs de cette guerre nous indiquent notre conduite : vaincre dans cette bataille ou périr. Telle eft ma détermination; à vous hommes de voir fi vous voulez imiter une femme ou fi vous préférez vivre efclaves. » Malgré des fentiments auffi énergiques mis réfolûment en pratique, Boadicée fut vaincue ; cette héroïne (on peut lui donner ce nom, malgré fa défaite) était reine des Icéniens, mais elle avait foulevé avec fon peuple les Trinobantes (1) & d'autres voifins, en forte qu'au temps d'Agricola qui avait été, tout jeune encore, l'un des officiers de Suetonius, & avait dû la voir, c'eft à elle que le chef breton Galgacus faifait allufion en difant aux fiens : « Les Trinobantes, fous la conduite d'une femme, ont pu brûler une colonie, forcer un camp, &, *s'ils ne s'étaient pas endormis dans leurs fuccès* (voilà pour la juftification de Boadicée), ils auraient pu fe délivrer du joug ; & nous, encore intacts & invaincus, & pour qui la liberté n'eft pas un bien nouveau, ne montrerons-nous pas, dès le premier combat, quels font les hommes que la Calédonie tenait en réferve (2) ? »

(1) *Annales*, XIV, xxxi.

(2) C'eft Tacite qui met ce difcours dans la bouche de Galgacus. Voyez *Vie d'Agricola*, xxxi.

Dans un combat ſur la glace, livré en l'an 172 de notre ère par les Romains, contre le peuple ſarmate des Jazyges, ſur le Danube, les femmes de ces barbares ſe déguiſaient en guerriers & combattaient pour l'indépendance & la proſpérité de leur nation.

L'impératrice du Japon Singukogu, dont l'avénement remonte à l'année 201 de l'ère chrétienne, & qui régna glorieuſement durant ſoixante-dix années, fit la guerre aux Coréens, à la tête d'une nombreuſe armée.

A la bataille d'Yermuk, livrée en l'année 636 en Syrie, les femmes arabes occupent la dernière ligne ; elles ſavent manier l'arc & la lance. Trois fois les Arabes ſe retirent en déſordre, trois fois, employant les reproches & les coups, les femmes les ramènent à la charge (1).

Au VIIIe ſiècle, la Bohême nous offre une Amazone, Ulaſta. En 735, à la mort de la reine ou ducheſſe Libuſſa, qui avait ſuccédé à ſon père Cracus & avait gouverné ſagement & glorieuſement, elle ne put ſupporter de voir le pouvoir ſuprême paſſer aux hommes. Mépriſant, ſans doute, le duc Przémiſlas, payſan, que ſa regrettée maîtreſſe avait épouſé par haſard (2), & dont la

(1) GIBBON. *Hiſt. de la décadence de l'Empire romain.*

(2) Preſſée par ſes ſujets de ſe marier, *Libuſſa* avait dit : « J'épouſerai celui chez lequel mon cheval me conduira » ; ce fut Przémiſlas. On raconte le fait autrement : Livrés à l'anarchie, les Bohémiens dé-

confiance de la défunte lui avait révélé la faibleſſe, elle conçut le projet, non-ſeulement de reſſaiſir la puiſſance & de remplacer Libuſſa, mais encore de fonder un état excluſivement gouverné par les femmes, analogue à celui des anciennes Amazones. A cet effet, réuniſſant les filles attachées de ſon vivant à la reine Libuſſa, & des femmes mécontentes de leurs maris, elle leur dit : « Libuſſa a pu aſſervir les hommes ; le courage de notre ſexe ſerait-il éteint avec elle ? Vous êtes ſes fidèles élèves, avec vous je rentrerai dans la lice & appliquerai l'art du gouvernement qu'elle nous a enſeigné. Przémiſlas, tiré de la charrue, eſt incapable de régner ; ſi vous me ſecondez, nous reprendrons rapidement notre prépondérance. » Ses paroles enflamment l'imagination & le zèle de ſes compagnes ; un grand nombre de filles accourt ſous ſa bannière, elle forme un corps d'infanterie & un corps de cavalerie, les habitue aux exercices militaires. Les hommes s'alarment, preſſent Przémiſlas de ſe mettre à leur tête pour réprimer cette révolte ; ſur ſon refus, ils courent aux armes & marchent contre Ulaſta, mais ſans ordre. Notre héroïne les bat & en tue, aſſure la légende, juſqu'à ſept

cidèrent qu'on lâcherait dans la plaine un cheval ſans frein & qu'on reconnaitrait pour monarque celui chez lequel il s'arrêterait : Przémiſlas, ainſi déſigné, rendit de bonnes lois & fortifia Prague ; la déciſion, le courage lui faiſaient ſans doute défaut, ſurtout à l'origine de ſon règne.

de ſa main. Après ſa victoire elle ſe retire ſur le mont Vidlové, y bâtit un fort, & de cette retraite ſûre, deſcend fréquemment ſur la contrée & la dévaſte. Ce brigandage ſe prolongea huit ans; cette longue durée s'explique par le fait que Ulaſta avait attiré la plus grande partie des jeunes hommes ſur la promeſſe écrite de rendez-vous amoureux, les avait attirés, dis-je, dans l'intérieur de ſa citadelle, & là les avait impitoyablement mis à mort. Après cet acte cruel, Ulaſta eut un moment de puiſſance ſuprême & régna véritablement. Elle promulgua un code, dont la principale preſcription défendait aux hommes de porter les armes *ſous peine de mort;* on voit donc qu'elle ne voulait pas la deſtruction complète de l'eſpèce maſculine, &, en effet, elle ſe contentait vis-à-vis des garçons nouvellement nés de leur faire crever l'œil droit & de leur faire enlever le pouce de la main droite, afin qu'ils ſe trouvaſſent dans l'impoſſibilité de manier l'arc. Ces cruautés, moins graves cependant que l'uſage fondamental des premières Amazones, s'il eſt vrai que celles-ci maſſacraient tous les enfants mâles, irritèrent les Bohémiens & firent que Przémiſlas marcha définitivement, ſoit de gré, ſoit de force, contre Ulaſta. Au moment où il l'attaqua, elle venait d'inſtituer un ordre de la *vertu militaire* pour récompenſer les exploits & les ſervices de ſes meilleures guerrières. Une grande bataille s'engagea; les hommes étaient réſolus à vaincre, Ulaſta & ſes compagnes à ne pas ſurvivre à la deſtruction de leur prééminence ſociale, à la fin de leur république féminine; aucun ne voulut ſe rendre, aucune ne s'échappa, toutes ſuccombèrent vaillamment, &, quand elles furent abattues par la ſupériorité de force & ſans doute de nombre de leurs adverſaires, le viſage de chacune regardait & défiait encore l'ennemi. C'eſt le cas de répéter avec le poète (1), au moins pour leur chef, pour Ulaſta :

> ....Aſtilli ſolvuntur frigore membra
> Vitaque cum gemitu fugit indignata ſub umbras.
>
> Virgile, fin de l'*Énéide.*

Rapprochons d'Ulaſta, ou plutôt de Libuſſa, la reine de Pologne Wanda, puiſqu'on donne également à cette dernière pour père *Cracus,* le fondateur de Krakau ou Cracovie. Cette Wanda, qui ſuccéda au pouvoir paternel, était une héroïne; virilement élevée, elle conduiſit une armée contre un prince germain, nommé Ritiger, qui prétendait lui ravir à la fois ſa royauté & ſa main. La chronique veut que Ritiger fut abandonné de ſes guerriers, honteux d'avoir à combattre une femme, & ſe donna la mort : une ver-

(1) Des poètes contemporains ont chanté les exploits de ces héroïnes. Voyez auſſi *Chronica Bohemorum*, de Cosme de Prague.

ſion prétend que ce fut ſeulement après deux combats, pour lui deux défaites, actions dans leſquelles Wanda combattit l'épée en main, à la tête de ſes troupes, & les anima tant de la voix que de l'exemple. Toujours eſt-il que Wanda raſſembla ſon peuple, lui fit jurer de ne jamais ſe laiſſer aſſervir, déclara que la pureté de ſon cœur était le gage de ſon indépendance, & auſſitôt, pour conſerver ce gage intact, ſe précipita dans la Viſtule, d'où il fut impoſſible de la retirer vivante. Carnot (1) a convenablement repréſenté cette ſcène digne de la peinture; il la fait parler ainſi :

« Généreux Polonais! dit alors l'héroïne,
Quel que ſoit l'avenir que le ciel vous deſtine,
Comment mon faible bras peut-il vous protéger
Contre tant d'ennemis? Pourrais-je vous venger,
S'ils oſaient ſe montrer aux traités infidèles?
Soutiendrons-nous contre eux des guerres éternelles?
Votre reine eſt l'objet de leur prétention,
Pour établir ſur vous leur domination.
L'audacieux projet d'un prince téméraire
Fut, quoique ſans ſuccès, un avis ſalutaire
Donné par le ciel même; & j'ai dû preſſentir

(1) *Opuſcules poétiques du général* L.-N.-M. Carnot. Paris, 1820, chez Baudouin frères, in-8°, p. 27. — Relativement à Carnot, chargé de la conduite des opérations militaires de la France au Comité de ſalut public, puis comme membre & préſident du Directoire, reportez-vous à mes *Portraits militaires* & à une note inſérée au tome II de ma traduction de l'*Hiſtoire de la fortification permanente*, de M. de Zaſtrow.

Qu'il faut rendre un fardeau qu'on ne peut ſoutenir.
Le ciel m'appelle à lui ; j'ai rempli ma carrière :
Il ordonne à Wanda de rejoindre ſon père.
Les derniers de mes vœux ſont pour votre bonheur :
Il eſt tout dans vos dieux, la patrie & l'honneur. »

Puis il ajoute pour terminer ſa pièce de vers :

Wanda deſcend alors ; tranquillement arrive
Au bord du monument ; s'arrête ſur la rive,
Lève les bras au ciel, s'élance dans les flots,
Et paſſe de la vie à l'éternel repos.
C'eſt en vain qu'on accourt, qu'on gémit, qu'on eſpère :
L'héroïne n'eſt plus ; elle a rejoint ſon père.
Mais les lois du trépas n'effaceront jamais
Les vertus de Wanda du cœur des Polonais.

CHAPITRE VI

MOYEN AGE (1)

—

Le moyen âge procède des temps barbares & possède son caractère propre. Il tient des peuples encore barbares quand ils vinrent conquérir le sol européen & s'y implanter; il en tient par un reste, je n'ose dire de férocité, mais au moins de manque de culture, de défaut de civilisation; la rudesse sauvage, les instincts sanguinaires y subsistent & se perpétuent vivaces encore, quoique fort amoindris. Il possède son caractère propre, en ce sens que de nouvelles coutumes s'y introduisent, le servage & la galanterie par exemple : le servage qui abaisse & enchaîne la plus grande partie de la population vis-à-vis d'une minorité toute-puissante, la galanterie qui crée une espèce de culte, celui de la femme, & lui délègue sinon un pouvoir, au moins une grande influence, en tant, bien entendu, qu'elle appartient à la race

(1) Environ de 800 à 1453, c'est-à-dire de Charlemagne à la prise de Constantinople.

prépondérante, qu'elle eſt noble ſuivant l'expreſſion du temps.

De cette double ſituation il reſſort pour la femme un rôle ſinon nouveau, du moins très-modifié : elle aura encore de l'énergie, de la vigueur, celles de la barbarie & de la vie dure qui en découle; elle tendra à s'amollir ſous le courant qui ſe produit en ſa faveur, & les hommages dépoſés à ſes pieds deviendront une pente gliſſante pour ſon caractère, parfois pour ſes mœurs.

Si donc il ſe montre encore des femmes ayant le goût des combats & y prenant part, leur nombre tendra à diminuer; pourtant, comme en général la femme ne manie l'épée que dans des cas exceptionnels, il pourra ſurgir tels événements qui lui en faſſent une néceſſité & rétabliſſent ainſi l'équilibre par rapport aux périodes précédentes. Les croiſades compteront au premier rang parmi ces événements.

Le préſent chapitre prend l'hiſtoire militaire des femmes au règne de Charlemagne; nous ne voulons néanmoins rejeter à nos pages antérieures ce qui concerne la création de la religion muſulmane & comprendre parmi les temps barbares les années où Mahomet tentait la grande entrepriſe d'établir une religion, ou plutôt de fondre en une ſeule trois religions : le ſabéiſme (1),

(1) Culte rendu aux corps céleſtes & profeſſé par les Sabéens, peuple de l'Arabie heureuſe.

le judaïſme & l'idolâtrie. Parlons donc, & pour ouvrir ce chapitre, de l'une des femmes du prophète arabe, la charmante *Ayéſha*.

Elle le mérite, puiſque les muſulmans lui ont décerné le titre d'*Incomparable*, récompenſe dont quatre femmes ſeulement ſe ſont montrées dignes à leurs yeux. Fille d'Abou-Beker, épouſée à dix ans par Mahomet (1), très-aimée de lui (2), ayant eu la ſatisfaction de le voir ſe retirer dans ſa propre maiſon vers la fin de ſa carrière, l'ayant ſoigné juſqu'à ſa mort, elle devint dès ſon veuvage (632) l'ennemie d'Ali & fit oppoſition à ſon élévation au califat. Retirée d'abord à la Mecque, elle en partit promptement à la tête d'une armée, s'empara de Baſſora, préſenta réſolûment la ba-

(1) En 623 : en Orient les filles ſont nubiles de très-bonne heure.

(2) Malgré le grand nombre de ſes rivales. Le comte de Boulainvilliers reproche à Mahomet d'avoir eu trop de femmes (vingt & une ſuivant les uns, dit-il, quinze ſuivant les autres), & s'étonne que ce grand homme, toujours occupé de vaſtes deſſeins, ait pu ſuffire aux troubles, aux tracas qui devaient inévitablement ſurgir de ſi nombreux ménages. Voyez ſon *Hiſtoire des Arabes* avec la *Vie de Mahomet*, Amſterdam, 1731, in-12, chez Pierre Humbert, t. II, p. 248 à 250. M. Barthélemy Saint-Hilaire (recourez à ſa *Vie de Mahomet*, 1864, travail remarquable & d'une pondération digne du doyen de nos philoſophes) avoue que la pratique de la polygamie par lui-même (cet auteur lui compte neuf femmes légitimes, ſans comprendre dans ce nombre les eſclaves), & la permiſſion donnée par le Coran à ſes ſectateurs de la pratiquer juſqu'à concurrence de quatre femmes légitimes, eſt « la faute la plus grave qu'ait commiſe le prophète ». La *Vie de Mahomet* de M. Barthélemy Saint-Hilaire a été lue à l'Académie des Sciences morales & politiques, puis inſérée dans les *Comptes rendus* des ſéances & travaux de cette Académie, publiés par M. Charles Vergé; le paſſage auquel nous faiſons alluſion ſe trouve compris dans la livraiſon de mai 1864 dudit recueil.

taille à ſon adverſaire. Vaincue, malgré ſon courage & ſon activité dans la mêlée, elle devint priſonnière. Les bons traitements du vainqueur qui l'entoura de reſpects, lui accorda cinquante femmes pour la ſervir & la fit reconduire à la Mecque, ne purent effacer de ſon eſprit le mobile de ſon animoſité contre lui; c'eſt qu'en effet une femme ne peut guère pardonner qu'on ſoupçonne publiquement ſa fidélité, ſurtout quand il s'agit d'un époux auſſi puiſſant que Mahomet.

En ces mêmes temps, ſous Abou-Beker, ſucceſſeur de Mahomet, la ville de Damas fut aſſiégée & priſe par les Arabes (juillet 634). A ce ſiége ſe rattache le ſouvenir de deux guerrières. Voltaire nous raconte ce qui concerne la première (1), Gibbon nous parle de la ſeconde (2). La première ſe nommait Caulah ou Khawlab & était ſœur de Dérar, l'un des compagnons de l'infatigable Caled, le conquérant de cette cité : au nombre des captives faites dans différentes courſes par le gouverneur de Damas, & menacée plus qu'une autre en raiſon de ſa beauté de devenir la proie de ce chef chrétien, elle réſolut de ſe ſouſtraire à ce ſort & propoſa chemin faiſant à ſes compagnes de ſecouer le joug & de fuir avant d'être enfermées dans Damas, vers laquelle on les me-

(1) *Dict. philoſophique*, au mot *Amazones*.

(2) *Décadence de l'Empire romain*, chap. LI.

nait. Saisissant les piquets ferrés de leurs tentes & le petit poignard attaché à leur ceinture, ces femmes, enthousiasmées par son appel, se forment en cercle, non comme des vaches, cette comparaison de Voltaire manque de noblesse, mais comme des guerriers sur la défensive, & menacent les soldats de leur escorte. Ces derniers sourient d'abord d'une pareille révolte, & parlementent, puis, voyant que la conciliation était inutile, ils tirent leurs sabres & combattent. On prévoit que les femmes vont être massacrées, lorsque Dérar arrive à propos, disperse les Grecs, délivre sa sœur & ses compagnes. Il s'agit d'un fait réel; ces femmes, en effet, appartenant à la tribu des Hamyarites, fils des Amalécites, ne répugnaient pas à la lutte armée, sachant déjà monter à cheval, manier l'arc & la lance; la sœur de Dérar avait déjà commandé une troupe de ces Amazones, elle assista plus tard à d'autres luttes guerrières, & cela explique au mieux son action. Venons au récit de Gibbon. Après leur victoire d'Aiznadin, les mahométans serrèrent Damas de plus près; dans cette dernière lutte un archer grec se distingua par sa dextérité & tua nombre d'ennemis. Aban comptait parmi ces tués. Sa femme était présente; elle se pencha sur le corps de son mari &, croyant qu'il l'entendait encore, lui dit : « Tu es heureux d'avoir rejoint ton maître. Je vengerai ta mort & m'efforcerai de gagner le lieu que tu habites, car je t'aime, & jufqu'à mon trépas, Dieu feul aura mon fervice. » Puis elle lava le corps de fon époux & l'enterra : on affure qu'en lui rendant ce dernier devoir, les pleurs de fes yeux étaient déjà taris, elle fongeait à fa réfolution. Se faififfant des armes reftées à terre & qu'elle favait manier, comme tant d'autres femmes de ce temps, elle courut dans la mêlée & chercha fon meurtrier; l'ayant trouvé, elle écarta ceux qui le défendaient &, d'un coup affuré, le bleffa près de l'œil.

Après l'Arabie, nous rencontrons dans un pays voifin, à deux fiècles & demi de diftance, une princeffe guerrière, de la famille perfane des Bouides : celle-ci eft pouffée à prendre les armes par l'ingratitude de fon fils, Madj-Eddaulah, qui la dépouille dès fon avénement de toute autorité, de toute influence, alors qu'elle avait gouverné en fon nom, avec fageffe & gloire, pendant fa minorité. Irritée par cette ingratitude, que beaucoup de mères euffent cependant pardonnée, car les facrifices font doux quand on les accomplit pour le bonheur de fes enfants, Seidah-Khatoun fe retira de la cour, raffembla une armée & vint à fa tête demander raifon de l'oubli où on la plongeait. Une bataille eut lieu; notre héroïne y combattit & vainquit, fit fon fils prifonnier & remonta fur le trône. Plus tard elle rendit au vaincu fes états & la liberté, mais en fe réfervant la direction des affaires. L'hiftoire doit la juftifier par la règle fuprême, *falux populi;* en effet, tant qu'elle vécut, fes fujets furent heureux & tranquilles; à fa mort, arrivée en 1024, Mahmoud-le-Gaznévide, auquel elle avait refufé de payer tribut, revint attaquer Madj-Eddaulah, ravit la couronne à ce prince, dénué de talent & de courage comme d'amour filial, & impofa de nouvelles charges aux habitants conquis.

Nous ne chercherons pas s'il y eut en Europe, au moyen âge, des *chevaleresses,* c'eft-à-dire des femmes honorées de l'ordre de chevalerie (1), parce qu'évidemment un pareil fait ne put fe produire que par exception, mais nous rappellerons le noble rôle joué par les femmes féodales qui venaient fur le champ de bataille animer les combattants & foigner les bleffés comme le faifaient cinq ou fix fiècles plus tôt les femmes des barbares : à cet effet, plufieurs dames & damoifelles apprenaient l'art de la chirurgie, fi nous en croyons La Curne Sainte-Palaye.

Mais nous continuerons à chercher des femmes militaires, & en trouverons dans le récit des guerres qui enfanglantent le xe fiècle. En 931, le comte de Vermandois confie en vain à fa

(1) Le P. Lobineau affure que plufieurs dames reçurent le collier de l'ordre des ducs de Bretagne; en fait d'ornements les femmes peuvent prétendre à tout, mais ici l'hiftorien de la Bretagne entend furtout une dignité, un rang hiérarchique.

femme la défenſe de Laon contre le roi de France, ce dernier laiſſe ſortir ſa belle ennemie dès qu'elle le demande. Six ans plus tard Louis d'Outremer (1) remet le commandement de la même ville à ſa mère Ethgive (2) : quant à ſa femme, Gerberge, fille de Henri l'Oiſeleur, elle fut préſente à pluſieurs des combats qu'il livra & reçut la miſſion de défendre Reims, quand cette cité eut été repriſe par les ſiens, aidés des troupes des rois de Germanie & de Bourgogne (3). Cette même princeſſe Gerberge, devenue veuve en 954, ſe met à la tête d'une armée en faveur de ſon fils Lothaire, âgé de douze ans, & qui ſuccédait aux droits de ſon père, puis fait le ſiége de Poitiers; en 960, elle reprend la ville & la citadelle de Dijon, qui venaient d'être ſurpriſes & enlevées par Robert de Trèves.

Rappelons que la fille du douzième empereur, d'Othon Ier, ſucceſſeur de Henri l'Oiſeleur, joue également un rôle quaſi militaire en ce ſens qu'elle avertit, en danſant, le comte d'Eberſtein que ſon père vient de l'attirer à Spire, au milieu d'une fête brillante, pour s'emparer de ſon manoir. Le comte retourne incontinent, ſe défend

(1) Louis IV, dit d'*Outre-mer*, roi de France, fils de Charles le Simple.

(2) Dans pluſieurs livres de l'hiſtoire de France, ce nom eſt écrit à tort *Ogive*.

(3) En ſouvenir ſans doute de cette défenſe, la reine Gerberge eſt inhumée dans le chœur de l'égliſe Saint-Remi, à Reims.

avec une incroyable vigueur, tellement que l'empereur, touché de ſon courage, lui accorde ſa fille en mariage. C'eſt une légende ; il faut le dire ainſi bruſquement, quitte à ôter une illuſion au lecteur. Il s'agit du château d'Eberſteinburg, lieu d'excurſion près Bade.

Emma, femme de Lothaire, fils de Louis d'Outre-mer, & roi de France également, Emma, diſons-nous, ſe diſtingua dans la défenſe de Verdun ; enfermée en cette ville & aſſaillie par des forces nombreuſes, elle réſiſta ſuffiſamment pour donner à ſon mari le temps d'accourir (985).

En l'an 1000, *Sigrid la Superbe,* femme divorcée d'Erik, roi de Suède, & reſtée malgré lui dans le pays, épouſa Suénon *à la double barbe,* & fit rendre à ce dernier monarque ſon royaume de Danemark, que ſon premier mari lui avait enlevé. Elle combattit encore le roi de Norwége, avec l'appui des mécontents de ce pays, & détruiſit ſa flotte.

La bataille de Dyrrachium (1) livrée en 1041 nous offre l'exemple d'une princeſſe portant la lance & ramenant vaillamment au combat les troupes de ſon époux malmenées par les Grecs. Il s'agit de Gaëte, femme de Robert Guiſcart, & l'on peut croire ce fait, car il eſt rapporté par

(1) Aujourd'hui Durazzo.

Anne Commène, parente de l'empereur Alexis, vaincu dans cette journée.

Un hiſtorien du XIIe ſiècle (1) nous cite la fille du comte de Montfort, Iſabelle, mariée à Raoul de Conches, qui, à la guerre, montait à cheval, & ne le cédait à perſonne en intrépidité.

En février 1139, Julienne de Breteuil, fille naturelle de Henri Ier, roi d'Angleterre, défendait le château de Breteuil contre ſon père, & ce par ordre de ſon mari. Outrée contre le roi qui venait de livrer ſes deux fils à l'un de ſes ennemis, lequel avait eu la cruauté de leur mutiler le viſage, elle eut recours à une ruſe pour ſe garantir des ſuites d'un aſſaut qui eût tourné contre elle, attira ſon père à une entrevue &, comme il venait, tendit elle-même une baliſte & projeta un trait ſur lui. Le roi Henri eut le bonheur d'échapper; il intercepta toute communication & obligea ſa fille à ſe rendre. Pour punition il ſe borna à la contraindre à ſortir du fort en ſe laiſſant gliſſer ſans aucun ſoutien du haut des créneaux le long du talus de la muraille; elle tomba dans l'eau glacée du foſſé, mais ſans ſe faire de mal, & parvint à s'échapper.

La vicomteſſe Ermengarde de Narbonne remariée à Bernard d'Anduſe, conduit en 1148, trois ans après ſon ſecond mariage, ſes troupes

(1) Orderic VITAL, livre XII. Traduction de M. Guizot

au ſiége de Tortoſe, contre les Sarrazins, &, une fois l'épée dépoſée, adminiſtre virilement la vicomté de Narbonne, durant quarante-quatre ans, y rendant juſtice elle-même, quoique femme & en dépit des lois romaines ſuivies dans ſa province, & ce par une honorable exception accordée par Louis le Jeune (1).

L'hiſtoire des luttes multipliées dont l'Italie fut le théâtre durant la période qui nous occupe en ce chapitre, nous fournira plus d'un exemple de courage parmi les femmes.

Le premier aura trait à Piſe. En 1005, un roi ſarrazin tentait d'enlever par ſurpriſe cette ville, dont une flotte était venue menacer ſes poſſeſſions; un quartier brûlait déjà, en pleine nuit, tandis que le reſte de la population dormait encore. *Chiuzica Siſmondi* s'élance au travers des bandes de pillards qui profitaient du déſordre, franchit les amas de fugitifs qui encombraient les rues, parvient au pont de la ville, le franchit, atteint le palais des Conſuls & donne l'alarme. Le tocſin vole, les Piſans courent aux armes, les muſulmans vivement attaqués ſe rembarquent. Depuis cet acte d'audace & d'intelligent courage, le faubourg incendié porte le nom de l'héroïne qui ſut l'accomplir.

(1) L'autoriſation royale date de 1156. Ermengarde ſe démit de ſon autorité dans la vicomté de Narbonne en 1192, en faveur de Pierre de Lara, ſon neveu.

Le fecond exemple concernera la comteffe Aldrude. Devenue, jeune encore, veuve du comte de Bertinoro, dans la Romagne, elle gouverna fagement fes états &, fe portant elle-même à la tête de fes troupes, fecourut Ancône affiégée par les Impériaux, que commandait l'archevêque de Mayence, & força ce dernier, archichancelier de l'empereur Frédéric, de lever le fiége de ladite ville (1172). Elle adreffa fous les murs de la place, aux foldats abrités par fa bannière, une allocution où elle chercha à enflammer leur courage, « en faveur des citoyens, & furtout des dames d'Ancône qui craignaient de tomber entre les mains des affiégeants, parce que ces derniers feraient de leurs corps un objet d'opprobre éternel ». Et elle ajouta dans cette harangue prononcée *contre l'ufage général des femmes,* ou du moins Buon-Compagnon, l'hiftorien de ce fiége, lui fait ajouter en forme de péroraifon : « Soyez fous les armes à la pointe du jour, afin que le foleil éclaire, en fe levant, la victoire que le Très-Haut promet à votre zèle pour le malheureux peuple d'Ancône. Que mes prières puiffent donc quelque chofe fur vous, & que la vue de ces belles perfonnes qui m'accompagnent anime votre courage ! Si les gens de guerre donnent volontiers des tournois où, déployant leur force & leur courage dans de cruels combats, ils expofent leur vie en l'honneur des belles, quelle doit être leur ardeur quand la beauté les appelle au ſalut de la patrie! » N'oublions pas, pour mieux comprendre ce réſonnant appel, que l'enthouſiaſme était alors de miſe; voyons-y également, afin de ne pas être dupe, l'arrangement d'un écrivain qui appartient à la poétique Italie & embellit ſon ſujet.

De l'Italie paſſons en Eſpagne. Là, Bérengère de Barcelone, femme d'Alphonſe VIII, roi de Léon, de Caſtille & de Tolède, imagine, pendant que ſon époux attaquait Oréjà & que les mahométans viennent l'aſſiéger dans Tolède (1139), de faire dire aux chefs des infidèles que s'ils avaient de l'honneur & du courage ils iraient combattre le roi, au lieu de s'en prendre à une reine. On lui répond galamment & on lui demande de ſe faire voir pour qu'on puiſſe la ſaluer. Elle y conſent & paraît au milieu de ſa ſuite, avec tout l'éclat d'une cour ſomptueuſe. Frappés comme le ſont les Orientaux, quand ils admirent un objet qui parle à leurs ſens, les Maures lui témoignent reſpect & prévenance, puis s'éloignent. Il n'était plus temps pour eux de ſecourir Oréjà. Ce fait témoigne d'une grande beauté & d'une rare fermeté chez la jeune princeſſe (elle avait alors vingt-huit ans à peine) qui l'accomplit.

Un an après, ſous les murs de Weinsberg, dans le Wurtemberg, a lieu un combat entre Guelfe III & l'empereur Conrad, dans lequel les femmes, ayant obtenu de ce dernier la faveur de ſortir du château avec leurs tréſors les plus précieux, emportent chacune leur mari; de là le nom qui eſt demeuré au château & ſubſiſte encore, *Weibertreue* (fidélité des femmes). Si nous en croyons La Popelinière (1), Laurent de Médicis aurait été « ſans aucune ayde de medecins, bien que fort mallade, auſſi toſt guery qu'il eut leu ce faict notable ».

Dans les croiſades les femmes ont leur part d'héroïſme; il ne pouvait en être autrement au milieu de ce courant ſocial qui entraînait chacun à ſacrifier ſon repos, ſa fortune, ſa vie terreſtre même, pour aller reconquérir le tombeau de Jésus & mériter ainſi une place meilleure pendant l'exiſtence future, pendant l'exiſtence céleſte promiſe aux bons. Cette part n'eſt pas plus conſidérable pour les femmes que pour les hommes, même proportion gardée de ce que leur ſexe n'eſt pas fait pour les travaux de Mars, & cela parce que la ſociété de ce temps n'offre pas, comme la nôtre, plus de foi dans les mères de famille que chez leurs époux; néanmoins elle eſt impoſante & digne de l'objet, comme nous allons le voir.

En général on peut dire que les femmes ayant accompagné les croiſés ne craignaient pas de ſe

(1) Début du tome II de ſon *Hiſtoire de France* (1581).

mêler aux batailles, portaient de l'eau aux chevaliers pour les rafraîchir & les repofer, & doublaient leur courage & leur force par l'effet de leur préfence. Plufieurs avant le départ connaiffaient déjà le maniement des armes & s'y étaient exercées au milieu de la vie monotone des châteaux féodaux.

Chronologiquement la lifte des femmes ayant déployé du courage pendant les croifades fe déroule dans l'ordre fuivant.

Dans la première croifade (1097), Marguerite de Hainaut courait au milieu d'un terrain jonché de cadavres pour découvrir fon mari tué par les Turcs; Florine, fille du duc de Bourgogne, combattait à côté de fon fiancé Suénon, fils du roi de Danemark, & mourait comme lui fous les coups des infidèles, après avoir vu périr autour d'elle un nombre infini de chevaliers. Le Taffe a célébré la mort de Suénon en ces termes : « Nous étions deux mille; à peine nous reftons cent. A la vue de tant de fang répandu, de tant de morts entaffés, je ne fais fi le cœur du héros fe troubla, mais fon front n'en fut point altéré. Compagnons, nous dit-il, en élevant la voix, fuivons ces généreux guerriers, marchons comme eux au bonheur & à la gloire par la route que notre fang nous a tracée.

« Il dit, &, fouriant à la mort qui s'approche, il oppofe au torrent débordé fur lui une conftance

& un courage intrépides ; il n'eſt point d'armure, fût-elle de l'acier, du diamant le plus impénétrable, qui puiſſe réſiſter aux coups que frappe ſon bras. Bientôt tout ſon corps n'eſt plus qu'une plaie.

« Cadavre indompté, ce n'eſt plus la vie, c'eſt la valeur ſeule qui le ſoutient & l'anime encore. Sans ſe ralentir il rend coup pour coup ; plus il eſt bleſſé, plus il devient terrible. Enfin un guerrier, à l'œil farouche, au maintien formidable, fond ſur lui avec fureur, &, ſecondé d'une foule des ſiens, après un combat long & opiniâtre, renverſe le héros (1). »

Dans la ſeconde croiſade l'empereur d'Allemagne Conrad ſe rend en Syrie ſuivi par une troupe de femmes armées comme des chevaliers ; le chef de cette troupe portait un ſurnom, celui de la *dame aux jambes d'or*, à cauſe des éperons dorés & ſans doute auſſi des autres dorures qui ornaient la culotte qu'elle portait ; on ignore ſon nom véritable. Le comte de Poitiers avait également emmené un eſſaim de jeunes filles.

Au ſiége de Jéruſalem par Saladin, une femme s'aſtreignit à remplir les fonctions de ſoldat ; elle portait un vaſe de cuivre en guiſe de caſque, lançait des pierres avec la fronde, donnait à boire

(1) *La Jéruſalem délivrée*, chant 8, traduction du prince *Le Brun*

aux ſoldats fatigués; elle avoue avoir été remplie de crainte, mais elle réuſſit à diſſimuler ſa frayeur & ſa faibleſſe (1).

Dans la troiſième croiſade, au ſiége de Ptolémaïs (Saint-Jean-d'Acre), une femme occupée à combler le foſſé ſe ſentit étreinte par la mort, déplora de ne pouvoir coopérer plus longtemps à la délivrance de la terre ſainte, & trouva aſſez d'énergie pour dire à ſon époux : « Jette-moi dans le foſſé, au moins mon cadavre fera-t-il fonction de matière encombrante & aura-t-il ſon utilité. » Propos viril qui dénote chez celle qui le tint auſſi peu de répugnance à parler de ſa mort qu'à riſquer ſa vie dans la lutte livrée chaque jour aux aſſiégés. L'hiſtoire rapporte encore au ſujet de ce ſiége que, parmi les captifs tombés aux mains des muſulmans, il ſe trouvait trois femmes qui avaient combattu à cheval.

Si ce n'était un perſonnage d'invention, nous citerions auſſi Clorinde, l'héroïne de la *Jéruſalem délivrée,* née en Ethiopie, devenue muſulmane par la négligence de l'eunuque Arſès chargé de l'élever en cachette, devenue également une guerrière glorieuſe & riche, par ſon intrépidité & ſon caractère viril, Clorinde qui périt dans un combat ſingulier, après avoir incendié la tour des aſſiégeants, & demandé à ſon

(1) C'était la ſœur d'un moine de Beauvais.

vainqueur, le fameux Tancrède, de rendre à ſon âme prête à s'envoler, le calme & l'innocence capables de lui mériter le ciel, & de les lui rendre par un baptême improviſé; on ſait que, dans le poëme, Tancrède ſuſpend ſa douleur & rend à ſon amante, dont il délie le caſque, le ſervice qu'elle vient d'implorer en lui pardonnant & en lui tendant la main.

Aux croiſades qui ſe paſſent en Aſie, joignons la croiſade ou guerre contre les Albigeois, afin de citer les Toulouſaines qui tuent du haut de leurs remparts le chef de cette croiſade, Simon de Montfort. Ce rude guerrier avait déjà, ſinon combattu, au moins traité avec les Sarrazins, dans la Paleſtine, en 1198, alors que les croiſés allemands l'abandonnèrent en dépit de ſes inſtances; il avait enſuite dirigé la longue guerre contre les Albigeois, à la ſuite de laquelle la papauté favoriſa ſes ambitieux projets de conquête & d'agrandiſſement. Pourtant, dès 1217, les commiſſaires du pape durent l'arrêter, & ce fut malgré eux qu'il s'empara du château de Montgrenier, appartenant au comte de Foix. Continuant ſes ſuccès, il ſoumit une grande étendue de pays, puis courut ſous Toulouſe qui venait de ſe donner à l'un de ſes adverſaires. En vain multiplia-t-il ſes efforts, cette cité l'arrêta dix mois. Le 25 juin 1218, comme il refoulait une ſortie, la mort le prit, mais laiſſons la parole à Guillaume de Tudèle, auteur d'un poëme hiſtorique ſur cette croiſade : « Il y a, dit-il, dans la ville, un pierrier, œuvre d'un charpentier qui de Saint-Sernin, de là où eſt le cormier, va tirer ſa pierre. *Il eſt tendu par les femmes, les filles & les épouſes*. La pierre part, elle vient tout droit où il fallait ; elle frappe le comte ſur ſon heaume d'un tel coup que les yeux, la cervelle, le haut du crâne, le front & les mâchoires en ſont écraſés & mis en pièces ; le comte tombe à terre, mort, ſanglant & noir. »

Plaçons en regard des Amazones des armées chrétiennes les Amazones qui ſe trouvaient au milieu des Sarrazins. Guibert de Nogent nous repréſente, avant la bataille d'Antioche, ces dernières, armées de l'arc & portant des flèches, mais il ajoute que beaucoup d'entre elles eurent la cruauté d'abandonner leurs enfants, lorſqu'elles ſe mirent à fuire pour éviter la pourſuite des Francs, & cela parce qu'elles craignaient plus encore pour elles-mêmes que pour ces pauvres petites créatures.

Si, aux XIIe & XIIIe ſiècles, les femmes prenaient, en terre ſainte, part aux luttes militaires, elles ne ceſſaient pas pour cela de ſe montrer énergiques & promptes dans les guerres qui ſe livraient ſur d'autres points de l'univers, en Europe particulièrement, car l'Amérique & l'Océanie étaient alors inconnues, l'Afrique & l'Afie orientale comptaient peu.

Citons-en, pour commencer, un exemple touchant. Bianca Porta, époufe d'un habitant de Padoue, qui exerçait les fonctions de gouverneur de Baffano, perdit fon mari durant le fiége de cette ville; elle continua elle-même la défenfe & par fon intrépidité la prolongea longtemps (1233). Enfin, cité & héroïne tombèrent au pouvoir du tyran Acciolino. Le vainqueur, remarquant les beautés de fa prifonnière, voulut abufer d'elle; elle lui échappa en fe jetant par la fenêtre. Bleffée feulement, elle ne tarda pas à fe remettre & dut enfin céder à la force. Défefpérée, elle n'en laiffa rien paraître, demanda comme faveur la permiffion de vifiter le tombeau de fon époux, & à peine la cavité fépulcrale ouverte, s'y précipita vivante en attirant fur elle la pierre de recouvrement, laquelle l'engloutit & l'écrafa en partie. C'eft ce beau trait dont Legouvé a dit :

Elle attire fur foi, de fes mains affurées,
La pierre qui couvrait des dépouilles facrées;
Et, s'écrafant du poids fur fa tête abattu,
Du tombeau d'un époux protége fa vertu.
Que ne peut le devoir fur ces âmes fidèles (1)?

(1) *Le Mérite des femmes.* Le poète embellit fon fujet en fuppofant que Bianca n'a pas fuccombé, qu'elle a feulement promis fon amour, fous condition qu'on lui laifferait vifiter le tombeau ouvert de fon mari & y demeurer feule pour le pleurer à fon aife. — Dans les notes du poème, cette héroïne eft défignée fous le nom de Mme de La Porte.

Vers le milieu du XIIIe ſiècle figure dans les Indes une reine de Dehly, nommée Radhiat-Eddyn, laquelle, proclamée ſouveraine lors de la dépoſition de ſon frère (en 1236), ſe mit à combattre ſucceſſivement les rebelles qui s'oppoſaient à l'établiſſement d'un pouvoir central & fort. Elle les vainquit preſque tous; à la fin cependant elle échoua contre les troupes d'un monarque voiſin dont elle devint priſonnière, mais ſon vainqueur, rempli d'admiration pour elle, ne tarda pas à la délivrer & à l'épouſer.

Marco Polo nous ſignale une autre Amazone, la fille du roi Caidu en la grande Turkie (1), & les faits qu'il retrace doivent remonter à l'année 1250 environ. Nous emploierons à peu près ſes termes : « Cette damoiſelle, dit-il (2), était ſi forte qu'en tout le royaume, il n'y avait damoiſeau ou écuyer qui la pût vaincre. Elle fit publier, du conſentement de ſon père, que ſi aucun ſeigneur voulait ſe meſurer avec elle & la vaincre en combat ſingulier, elle ſe reconnaîtrait pour ſa femme... Nul ne réuſſit; la jeune princeſſe, exigeant au moins cent chevaux de chaque vaincu, en vint à poſſéder ainſi plus de dix mille chevaux... Ce n'était pas étonnant, car elle était ſi bien taillée, ſi grande & ſi membrue, que c'était

(1) Turkarie.

(2) Recourez à la belle édition publiée par M. Pauthier.

presque une géante... *Souvent le roi Caidu mena sa fille au combat,* &, parmi tous les chevaliers, il n'y en avait pas un qui l'égalât. *Souvent elle allait au milieu des ennemis,* prenait un chevalier par force & l'amenait à ses gens. »

A la bataille de Monte-Aperto (1260), livrée par les Siennois aux Florentins & où les premiers furent vainqueurs, la déroute devint telle, qu'une pauvre fruitière, nommée *Usiglia,* qui se trouvait au camp où elle portait des provisions, put, à la vue de ce désastre, se rendre sur le champ de bataille, y faire trente prisonniers, tous appartenant au corps de la ville de Florence, les attacher avec des ceintures & les ramener triomphante. Tous les historiens & chroniqueurs mentionnant la particularité relative à cette fruitière, il n'est guère permis d'en douter (1). Usiglia partagea la couronne & les récompenses octroyées pour son exploit avec son mari Geppo, fendeur de bois.

Nous retrouvons en ce XIIIe siècle un acte militaire accompli par une femme italienne. Nous voulons parler de Cia, épouse du tyran de Forli, qui défendit longtemps Césène, & cela contre les troupes du légat, pendant que son mari combattait dans Forli. Elle avait répondu de la place

(1) C'est l'opinion de M. le duc de Dino. Reportez-vous à sa traduction des *Chroniques siennoises.* Paris, 1846, chez Curmer, p. 114 & 150.

qu'elle gardait, mais ſans pouvoir tenir ſa promeſſe, même en renfermant avec elle dans la citadelle les notables de la ville, ceux ſurtout qui lui étaient hoſtiles, afin d'engager l'adverſaire à ne pas détruire par ſon feu la tour qui les renfermait.

La reine de France Jeanne, femme de Philippe le Bel, fille unique & héritière du comte de Champagne, défendit la Champagne envahie (en 1297) par le comte de Bar; il lui ſuffit pour cela d'accourir à la tête d'une petite armée, ſon audace & ſa réſolution déterminèrent ſon adverſaire à poſer les armes.

Au début du XIVe ſiècle, une légende nous montre une fille du roi de Ceylan, mariée à Ratan, roi de Chitor, mêlée aux luttes militaires ſoutenues contre Ala-Uddin, & ſe rendant au milieu du camp de ce dernier, ſuivie de neuf palanquins, en apparence inoffenſifs, mais remplis de guerriers; de la ſorte elle ſurprend les adverſaires de ſon mari & fait main baſſe ſur eux (1).

La Bretagne nous préſente pour cette période une héroïne d'une nature particulière, Jeanne de Flandre, comteſſe de Montfort, devenue ducheſſe de Bretagne par la rivalité de ſon mari avec

(1) M. GARCIN DE TASSY nous raconte une autre légende ſuivant laquelle cette héroïne aurait volontairement péri dans les flammes pour ne pas tomber aux mains du vainqueur. Voyez ſon écrit *Les auteurs hindouſtans & leurs ouvrages*, 2e édition, 1868, p. 88.

Charles de Blois. Elle montait à merveille à cheval, avait *courage d'homme & cœur de lion* & frappait dans la mêlée des coups du plus vigoureux effet. « Elle étoit en la cité de Rennes, raconte Froiſſart (1), quand elle entendit que ſon ſire (époux) étoit pris. Si elle fut dolente & courroucée, ce peut chacun & doit ſavoir & penſer; car elle penſa mieux que on dut mettre ſon ſeigneur à mort que en priſon; & combien qu'elle eut grand deuil au cœur, ſi ne fit-elle mie comme femme déconfortée, mais *comme homme ſier & hardi,* en réconfortant vaillamment ſes amis & ſes ſoudoyers; & leur montroit un petit fils qu'elle avoit, qu'on appeloit Jean, ainſi que le père, & leur diſoit : « Ha ſeigneurs, ne vous déconfortez mie, ni ébahiſſez pour monſeigneur que nous avons perdu; ce n'étoit qu'un ſeul homme; véez (voyez) ci mon petit enfant qui ſera, ſi Dieu plaît, ſon reſtorier (vengeur) & qui vous fera des biens aſſez (2). Et je ai de l'avoir en plenté (abondance) : ſi vous en donnerai aſſez, & vous pourchaſſerai tel capitaine & tel maimbour (gouverneur), par qui vous ſerez tous réconfortés. » Jeanne de Montfort parcourut enſuite ſes autres villes & forteresses, menant ſon jeune fils avec elle, & releva partout le courage de ſes partiſans comme

(1) Livre Ier, chap. CLVIII. Edition Buchon, in-8°, 1824.

(2) Cette ſcène rappelle Marie-Thérèſe devant les Hongrois, en 1741; reportez-vous à notre chap. XI.

à Rennes, augmenta les garnifons, pourvut les places d'approvifionnements, puis vint s'enfermer pendant l'hiver dans le port d'Hennebon, grande ville fortifiée & défendue par un important château. La guerre contre elle commença par le fiége de Rennes; cette cité prife, fon adverfaire, Charles de Blois, vint devant Hennebon afin de finir la lutte d'un feul coup en la prenant (1342). Elle avait fait appel au roi d'Angleterre, mais ce fecours tardant, elle prefcrivit de fonner la baricloche (cloche du beffroi), afin que chacun s'armât. Les affiégeants fe préfentèrent aux barrières pour *paleter* (combattre aux paliffades) & efcarmoucher; elle envoya une fortie contre eux. Les affiégeants repouffés affaillirent vigoureufement les barrières le lendemain *à l'aube;* cette fois la lutte dura jufqu'à midi, avec *foifon de morts* pour le côté de l'attaque. Les chefs des affiégeants « firent recommencer l'affaut plus fort que devant [c'eft encore Froiffart qui parle (1)]; & auffi ceux de Hennebon s'efforcèrent d'eux très bien défendre; & la comteffe qui étoit armée de corps & étoit montée fur un bon courfier, chevauchoit de rue en rue par la ville, & femonoit (avertiffait) fes gens de bien défendre, & faifoit les femmes, dames, damoifelles & autres (2),

(1) Livre Ier, chap. CLXXIII.

(2) Le mot *dames* fignifie les femmes nobles, le mot *damoifelles*

défaire les chauffées & porter les pierres aux créneaux pour jeter aux ennemis, & faifoit apporter bombardes & pots pleins de chaux vive pour jeter fur les affaillants. » Peu après, notre héroïne, montée fur une tour, s'aperçut que les tentes fe trouvaient abandonnées, chacun étant accouru pour voir l'affaut qui fe donnait. Auffitôt pour détourner le danger, car déjà la brèche était praticable, elle monta fur fon courfier, *armée comme elle étoit,* prit avec elle 300 gendarmes à cheval, lefquels *gardoient une porte que l'on n'affailloit point;* fortant brufquement par cette porte ou poterne, elle fe jeta fur les tentes des ennemis, mit facilement en fuite les *garçons & varlets* qui s'y trouvaient & les incendia. Mais à la vue des flammes les affiégeants fe réunirent & lui coururent fus; vivement preffée, elle ne perdit point courage & chevaucha fi bien qu'elle gagna un château voifin, celui d'Auray probablement. Pendant fon abfence la garnifon d'Hennebon s'inquiétait, ignorant ce qu'elle était devenue & alarmée des moqueries des affiégeants qui lui criaient : « Votre comteffe eft perdue; vous ne la trouverez mie en pièce. » Mais elle reparut fubitement un jour au foleil levant à la tête de 500 combattants, &, après une action qui dura jufqu'après midi, parvint à fe faire ou-

les demoifelles nobles, & le terme *autres* les femmes ou filles des fimples bourgeois.

vrir une porte & à rentrer dans le château qui dominait la ville. Cet exploit décida les assiégeants à partager leurs efforts entre Hennebon & Auray ; ils firent donc de leurs forces deux armées & entreprirent deux siéges. Néanmoins un émissaire vint dans Hennebon pour tenter un accommodement, & déjà les seigneurs qui s'y trouvaient se laissaient gagner, quand Jeanne les pria de surseoir à leurs résolutions, annonçant un secours sous trois jours. Et bientôt, en effet, regardant la mer, elle s'écria : « Je vois venir le secours que tant ai désiré. » Les navires apparurent amenant des renforts sous la conduite d'Amaury de Clisson, après soixante jours de retard occasionnés par des vents contraires. Le lendemain, Gautier de Mauny, chef des Anglais, voulut effectuer une sortie dans le but de détruire les machines des assiégeants; il fut suivi de la plupart des chevaliers & de 300 archers. Le choc fut impétueux &, de la machine qui fut détruite, se dirigea sur le camp qui fut renversé; alors l'ennemi tint tête & une mêlée s'engagea. Les assiégés résistèrent à merveille, se retirant peu à peu, & comme au seuil de la ville se trouvaient de leurs archers adroitement embusqués, & que les chevaliers d'Hennebon se mirent de cette dernière partie, la sortie rentra sans avoir essuyé des pertes trop sensibles & reçut de la comtesse Jeanne l'accueil le plus cordial : « Qui adonc, rapporte Froissard, vit la comteſſe deſcendre du châtel à grand'chère, & baiſer meſſire Gautier de Mauny & ſes compagnons les uns après les autres deux ou trois fois, *bien put dire que c'étoit une vaillant dame* (1). » Cette *vaillant dame* reçut encore de ſon mieux les mêmes guerriers lorſqu'ils revinrent dans Hennebon après une courſe militaire dans laquelle ils avaient battu l'un des généraux ennemis, eſſayé de prendre La Rocheperiou & Faouet, & enlevé le château de Goy-la-Foreſt. La lutte tournant enſuite moins bien pour elle, Jeanne s'embarqua pour l'Angleterre dans le deſſein de ſolliciter le roi Edouard, alors amoureux de la comteſſe de Salisbury, comme nous le dirons dans un inſtant. Comme elle revenait avec une flotte & des ſecours, elle rencontra, à la hauteur de Guerneſey (1343), la flotte génoiſe dont diſpoſait Charles de Blois, & n'héſita pas à livrer une bataille navale qui fut *dure & crueuſe* (cruelle), ſuivant l'expreſſion d'un contemporain; elle y prit part & y « valut bien un homme, car elle avoit cœur de lion & tenoit un glaive moult roide & bien tranchant, & trop bien ſe combattoit & de grand courage ». Après cette bataille, terminée par une tempête, les Anglais débarquèrent près de Vannes, prirent cette ville & pluſieurs autres; leur roi même vint ſe mettre de la partie. Quant à Jeanne, notre héroïne, elle

(1) Livre Ier, chap. CLXXVII.

lutta jusqu'au traité de 1343, par lequel les rois de France & d'Angleterre se retirèrent de la querelle, & même ensuite contre Charles de Blois, laissé à ses propres forces. Telle est cette femme guerrière, dont les hauts faits ont excité l'enthousiasme des chevaliers ses contemporains, pour qui la victoire s'est finalement déclarée, & dont la célébrité a fait dire qu'elle semblait le type de la femme féodale, voulant, à force de qualités viriles, se relever de l'incapacité prononcée contre elle par la loi salique.

Charles de Blois ayant été également fait prisonnier, sa femme Jeanne la Boiteuse prit à son tour les armes, & Jeanne de Flandre eut une rivale d'héroïsme pendant cette guerre interminable de la succession de Bretagne. Cette seconde Jeanne disait résolûment à son mari partant pour la bataille d'Auray, où il devait périr : « Monseigneur, vous en allez défendre & garder mon héritage & le vôtre; car ce qui est mien est vôtre; lequel monseigneur Jean de Montfort nous empêche & a empêché un grand temps à tort & sans cause; ce sait Dieu & aussi les barons de Bretagne qui ci sont comment j'en suis droicte héritière : si vous prie chèrement quelle nulle ordonnance, ni composition de traité, ni d'accord ne veuillez faire ni descendre que le corps de la duché de Bretagne ne nous demeure (1). »

(1) Les *Chroniques* de FROISSART, livre Ier, chap. DII.

C'eſt juſtement à cette guerre de la ſucceſſion de Bretagne que nous devons rattacher la perſonnalité de la comteſſe de Salisbury, puiſque c'eſt le roi d'Angleterre Edouard III, l'un des acteurs de cette lutte, qui l'immortaliſa par ſon amour. Cette comteſſe, aſſiégée dans ſon château, en l'abſence de ſon mari (1), par le roi d'Ecoſſe, David Bruce, à la ſuite d'une eſcarmouche livrée ſous les murs de cette fortereſſe & où les ſiens avaient été vainqueurs, fut prendre la direction morale de la défenſe, réconforter ſes chevaliers, archers & ſerviteurs. On la tenait, dit Froiſſart, *pour la plus belle & la plus noble d'Angleterre*, & ce chroniqueur ajoute : « *Par le regard d'une telle dame & ſon doux admonneſtement, un homme doit en valoir deux au beſoin.* » C'eſt d'un mot, & en conteur naïf, peindre au mieux l'influence d'une femme préſente & active au milieu des guerriers. Mais, après un premier aſſaut repouſſé, la ſituation de la garniſon du château devint critique & il fut décidé d'envoyer vers Edouard III; Guillaume de Montaigu ſe chargea de cette miſſion périlleuſe. Le roi d'Angleterre acquieſça à ſa demande & marcha immédiatement avec 6,000 armures de fer (2), 10,000 archers & plus de 60,000 piétons; à ſon approche

(1) Fait priſonnier devant Lille, il ſe trouvait encore priſonnier au Châtelet de Paris.

(2) 6,000 cavaliers bardés.

le roi d'Ecosse leva le siége. Dès l'arrivée d'Edouard III, la comtesse de Salisbury vint le recevoir à la porte du château, vêtue de riches habits & avec le plus gracieux maintien; elle s'inclina jusqu'à terre, le remercia de la grâce & du secours qu'il lui avait faits, & l'emmena dans ses appartements pour le fêter & l'honorer. Alors survint un incident, mais laissons parler Froissart. « Chacun la regardoit à merveille & le roi même ne s'en pouvoit tenir... Si le ferit (frappa) tantôt une étincelle de fine amour au cœur que madame Vénus lui envoya par Cupido, le dieu d'amour & qui lui dura par longtemps, car bien lui sembloit que au monde n'avoit dame qui tant fut à aimer comme elle... Le roi devint pensif... « Cher sire, pourquoi pensez-vous si fort? dit la comtesse. — Ha, chère dame, un songe m'est survenu. — Venez en la salle faire bonne chère pour vos gens conforter, reprit-elle. — Autre chose me touche & git en mon cœur, continua le souverain, car certainement la douce attitude, le parfait sens, la grande noblesse, la grâce & la beauté que j'ai vu & trouvé en vous m'ont si surpris & entrepris, qu'il convient que je sois de vous aimé. — Ha très cher sire, ne me veuillez moquer, essayer, ni tenter... je dois rester loyale à mon mari. » Que dites-vous de ces ébats amoureux qui se passent en tout honneur entre une guerrière & un roi guerrier? N'en sort-il pas un parfum suave de pure chevalerie ? Quoi qu'il en soit, rappelons que pour la comtesse, Edouard III donna les plus belles fêtes & institua l'ordre de la Jarretière (1).

En 1345 on tortura Cabane dite la Catanoise, ancienne nourrice du fils de la duchesse de Calabre (2), devenue, à la suite d'intrigues & d'événements divers, dame d'honneur & sénéchale; on la tortura, & si fort qu'elle en mourut; ce fut pour sa participation au meurtre d'André de Hongrie, époux de Jeanne Ire, l'une des filles de sa souveraine & de sa protectrice. On la signale souvent comme une guerrière.

Dans l'escarmouche qui eut lieu le 14 août 1366 (3) sous les murs de Montauban, entre les Français commandés par le sénéchal de Toulouse & le comte de Narbonne & les grandes compagnies, escarmouches où ces dernières eurent le dessus, les habitants de la ville se mirent du côté des compagnies, &, comme les Français se trouvaient près des murailles, « les femmes de Montauban », raconte Froissart, « montèrent en leur logis & en leurs soliers (greniers), pourvues de pierres & de cailloux, & commen-

(1) Les *Chroniques* de Jean FROISSART, livre Ier, chapitres CLXII à CLXVIII & CLXXXXI.

(2) Catherine d'Autriche.

(3) La vigile Notre-Dame en août l'an de grâce MCCCLXVI, dit Froissart, livre Ier, chap. DXXIX.

çèrent à jeter ſur eux ſi fort & ſi roidement qu'ils étoient tout enbeſognés de eux targier (abriter) pour le jet des pierres; & en bleſſèrent pluſieurs qui reculèrent par force ».

Pétrarque cite une de ſes contemporaines nommée Marie de Pouzzoles, de la ville habitée par ſa famille. Cette Napolitaine, douée d'une force prodigieuſe, avait dès ſon enfance dédaigné les occupations féminines & manié preſque excluſivement des armes; elle était d'une grande ſobriété & ſavait ſupporter les fatigues & les intempéries. Elle prit part à un grand nombre de combats & y fit preuve non-ſeulement du courage, mais du talent de conduire la troupe; elle excellait dans les coups de main. On la voyait diriger ſes ſoldats ſoit à pied, ſoit à cheval. Suivant l'uſage de ce temps, elle acceptait des défis & livrait, en préſence du peuple, de ces combats ſinguliers dits combats d'honneur ou tournois. On aſſure qu'au milieu des camps elle mena toujours une vie régulière, & cela ſe peut croire d'une femme qui avait un bras aſſez fort pour ſe faire reſpecter. Elle mourut d'une bleſſure reçue dans une bataille.

Le duc de Berry pouvait l'an 1373 ſe rendre maître du château Achart, mais la dame de Pleumartin étant ſeule lui demande une trêve juſqu'au retour de ſon époux, diſant : « Je ſuis une femme de nulle défenſe »; & il l'accorde ſous condition qu'elle n'en profiterait pas pour accroître la garniſon & les reſſources de ſon château.

En 1378 les Anglais ſe préſentèrent devant Alfuro, place de la Navarre, eſpérant en avoir bon marché en l'abſence de la garniſon, mais les femmes occupèrent les remparts & firent ſi bonne contenance que le chef ennemi s'écria : « Voilà de braves femmes; allons-nous-en, nous n'avons rien à tenter ici. » A côté de ce trait qui fait auſſi honneur aux Anglais, rappelons que le captal de Buch, revenant de la croiſade de Pruſſe (1) avec ſoixante chevaliers, s'était jeté dans Meaux, avait fait une ſortie impétueuſe, tué ſept cents Jacques & délivré ainſi trois cents dames & demoiſelles aſſiégées dans cette ville.

La ſœur du fameux Tamerlan doit figurer en ces pages, parce que c'eſt elle qui releva ſon courage abattu par la perte de ſa fille unique (1381) & le porta à reprendre les armes contre l'ennemi qui déjà envahiſſait ſes états.

En l'année 1383, alors que François Ackermann & quatre cents Gantois vinrent de nuit aſſaillir la place d'Audenarde, ils durent afin de s'embuſquer traverſer des marais & furent aperçus, munis de leurs échelles, par une femme qui coupait de l'herbe pour ſes vaches. Toute ébahie

(1) Contre les Pruſſiens, avec l'ordre teutonique.

d'abord, cette pauvre femme reprit courage, puis courut ſous les murs de la forterelle faire du bruit & contraindre à l'écouter : « Soyez ſur vos gardes, dit-elle, quantité de Gantois ſont près d'ici, je les ai vus & ouïs; ils portent une grande quantité d'échelles & enlèveront Audenarde s'ils peuvent. Je m'en vais, car s'ils me rencontraient, je ſerais morte. » Elle rencontre, en effet, Ackermann une ſeconde fois, ſe blottit, écoute ſes projets; devinant que l'entrepriſe ſe continue, que le danger grandit, elle retourne au point de la muraille où elle avait parlé & avertit une ſeconde fois. L'homme du guet avertit à ſon tour les hommes de garde à la porte de Gand, leſquels jouaient aux dés; mais ceux-ci ſe mettent à rire & prétendent que la femme a pris pour l'ennemi des veaux qui étaient déliés. On fait le reſte; une heure après la place était eſcaladée & plus d'un de ſes défenſeurs payait ſa négligence de ſa vie.

Jacqueline de Bavière, cette princeſſe née avec le xvᵉ ſiècle & qui, morte à trente-ſix ans, fut mariée quatre fois, parut dans le Hainaut à la tête d'une armée & s'empara de ce pays que ſon ſecond mari avait eu la faibleſſe de céder pour douze années à l'évêque de Liége. Livrée enſuite à l'un de ſes ennemis, elle eſt enfermée à Gand, mais s'échappe, reprend les armes, lutte courageuſement. Ses cruautés envers de prétendus adverſaires excitent un ſoulèvement contre elle;

elle cède alors au nombre & tranſige en acceptant le duc de Bourgogne, ſon principal adverſaire, pour ſon lieutenant.

Vers 1400 une conſpiration s'ourdit dans Forli (1) : le comte Girolamo, ſeigneur de cette ville, fut maſſacré, ſa femme & ſes fils faits priſonniers. Cependant les conjurés, afin d'aſſurer leur indépendance, voulaient devenir maîtres de la citadelle; le gouverneur refuſait de la leur livrer; alors la comteſſe *Caterina,* femme du ſeigneur tué, promit aux meurtriers de ſon mari de leur faire rendre la citadelle ſi on lui permettait d'y pénétrer, &, comme les plus influents héſitaient : « Gardez mes enfants en otage », leur dit-elle. Sur cette offre extrême on la laiſſe ſe réfugier dans la fortereſſe. Alors elle leur reproche du haut des remparts & d'un ton de maître la mort de ſon mari, elle les menace de ſa vengeance; on aſſure même que par un geste peu convenable elle leur fit voir qu'elle pouvait encore eſpérer des enfants & par conſéquent ſe ſouciait peu du ſort des ſiens reſtés entre leurs mains. Une pareille énergie produiſit ſon effet, la conjuration ſe vit réduite à l'impuiſſance, les plus compromis s'exilèrent d'eux-mêmes à perpétuité.

Abordons maintenant & avec plus de détail

(1) Quatorze pages plus haut il a été queſtion de la femme du tyran de Forli, un des prédéceſſeurs du comte Girolamo.

les femmes françaiſes qui ſe ſont illuſtrées de la fin du XIVe ſiècle au commencement du XVe, depuis la ſœur de du Gueſclin juſqu'à Jeanne d'Arc, car pour la dame de Cliſſon, dont le mari avait eu la tête tranchée en 1343, il ſuffit de dire qu'elle prit les armes, arma des vaiſſeaux, effectua des deſcentes en Normandie & força pluſieurs châteaux à ſe rendre : il ſuffit auſſi de rappeler que la femme du ſire de la Roche-Guyon, devenue veuve, défendit ſon château à outrance en 1418 (1).

Júlienne du Gueſclin, ſœur de Bertrand du Gueſclin (2), repouſſa en 1361 une ſurpriſe contre le château de Pontorſon, habitation de ſon frère, mais qu'il avait momentanément abandonné pour aller en Poitou faire le ſiége du château d'Eſſay. Cette ſurpriſe était tentée par un capitaine anglais du nom de Felleton, récemment battu & fait priſonnier par du Gueſclin, & laiſſé par lui dans ſon château de Pontorſon gardé ſeulement par quelques archers & ſes domeſtiques; mais Felleton, ayant reçu la ſomme exigée pour ſa rançon, venait d'être mis en liberté par la dame du Gueſclin qui exerçait le

(1) Jacques-Auguſte de Thou poſſédait un manuſcrit intitulé : *Faits d'armes & de chevalerie de dame Chriſtine qui vivoit ſous Charles VI*, in-4°; nous n'avons pu nous le procurer ni le conſulter.

(2) On attribue ſouvent cet exploit à Julienne Raguenel, ſœur puînée de Tiphaine Raguenel, femme de du Guesclin.

commandement dans la forterefſe en l'abſence de ſon mari. Connaiſſant le fort & le faible du château, ſachant le peu de monde qui le gardait, ayant une connivence dans la place par une jolie chambrière devenue ſon affidée pendant ſa captivité & qui lui avait promis de lui en faciliter l'accès, il ſemblait poſſéder toutes les chances en ſa faveur, & comptait même ſur la frayeur que ſa tentative exercerait ſur la châtelaine & ſa famille. A peine ſes deux cents hommes, raſſemblés à la hâte, ſe diſpoſaient-ils à ſuivre ſur l'échelle apportée en lieu ſûr les trois plus audacieux d'entre eux qui ſe trouvaient près du ſommet du mur prêts à pénétrer ſur le rempart, qu'une main ferme & hardie ſaiſit le haut de l'échelle, l'éloigna vivement de la muraille &, la faiſant tournoyer, lança dans l'eſpace nos trois téméraires. C'était la main de Julienne du Gueſclin, qui, ayant entendu quelque bruit, s'était levée & habillée à la hâte; elle ſonna la cloche d'alarme, les habitants accoururent aux créneaux, & Felleton à cette vue fut obligé de renoncer à ſon coup de main & de ſe retirer. Comme il ſe retirait, il rencontra du Gueſclin qui revenait d'Eſſay, & ſubit un nouvel échec. Ramené priſonnier dans ce château de Pontorſon dont il eſpérait naguère ſe rendre maître, il reçut ce compliment de Tiphaine Raguenel : « Ah! ſeigneur, c'eſt trop d'avoir été vaincu deux fois en douze heures, une fois par la ſœur, une fois par le frère, & votre bravoure a été cette nuit cruellement miſe en défaut. — Dame, que veulent dire ces paroles? reprit du Gueſclin. — Que votre ſœur Julienne, réveillée en ſurſaut cette nuit, a eu le courage & l'adreſſe de s'oppoſer la première à l'eſcalade eſſayée par la troupe de Jean Felleton. — Ah! capitaine, dit alors le futur connétable de France, je vous croyais plus courtois & ſurtout plus diſcret envers les dames; quoi! venir ſans leur aveu les viſiter la nuit, c'eſt la conduite d'un amant à bout plus que celle d'un chevalier. Et avoir eu la diſgrâce d'être battu par elle, dans le château, puis en raſe campagne par mes hommes d'armes... je ne puis m'empêcher de vous plaindre ſincèrement. » Devant cette moquerie, qui ne faiſait d'ailleurs qu'exprimer les coups du ſort, il fallut que Felleton dévorât ſon humiliation & cachât ſon dépit. — Julienne du Gueſclin dont il eſt ici queſtion était, au moment de ſon exploit, religieuſe de Saint-Sulpice de Rennes, & devint plus tard ſupérieure ou abbeſſe de Saint-Georges dans la même ville. Un auteur, & c'eſt ici que la légende intervient, prétend qu'un ſonge inſpiré l'avertit à temps de l'entrepriſe du capitaine anglais contre le château de Pontorſon; en plein XIVe ſiècle l'apparition de la légende eſt encore de miſe.

Au début du XVe ſiècle l'Italie nous offre une

femme guerrière dans la perſonne de la comteſſe Orſina Viſconti Torelli. Devenue en 1422 régente de Guaſtalla, pendant que ſon mari commandait à Gênes, puis à Naples, elle ſe conduiſit avec ſageſſe dans ces fonctions difficiles. Quatre ans plus tard, les Vénitiens, trouvant les bords du Pô dégarnis, le remontèrent & vinrent aſſiéger Guaſtalla. Orſina ſe trouvait à une faible diſtance; elle accourt, revêt la cuiraſſe & le caſque, raſſemble ſes troupes, les enflamme d'un mot, leur promettant de ne pas quitter les armes que l'ennemi ne ſoit battu, & engage réſolûment l'action. Montée ſur un cheval blanc, elle ſuit les péripéties de la journée, devine les points faibles, &, ſuivant le beſoin, y envoie les renforts néceſſaires; là elle combat de ſa perſonne & abat pluſieurs ennemis, ici elle fait de nombreux priſonniers; partout ſon élan gagne les troupes & une grande victoire s'enſuit. Une peinture exiſtant encore ſur les murs de l'égliſe Saint-Barthélemy à Guaſtalla même rappelle cette vigueur, cette habileté d'une femme improviſée général en chef & gagnant une bataille (1).

Un pareil réſultat nous permet de parler de

(1) La fille d'Orſina Viſconti Torelli, Antonia, comteſſe Roſſi, reprit Milan ſur les habitants révoltés contre François Sforza & la reſtitua à ce dernier. Sa petite-fille, Donella Roſſi, ſe diſtingua également les armes à la main, comme nous le dirons dans le chapitre ſuivant. Trois générations ſucceſſives de femmes guerrières, fait rare, unique peut-être?

Jeanne d'Arc (1) & de ſes talents militaires, car elle auſſi poſſédait l'aptitude des armes (2) & ſavait donner naiſſance au ſuccès. La narration de ſes faits de guerre ſera d'autant mieux à ſa place qu'elle eſt ſans conteſte la plus grande individualité féminine qui ait jamais porté les armes, non qu'elle ait figuré longtemps ſur la ſcène guerrière, mais par la ſingularité des circonſtances, la grandeur des réſultats atteints, la célébrité qui depuis quatre ſiècles entoure ſon nom.

Au mois d'avril 1429 la ville d'Orléans ſe trouvait aſſiégée par les Anglais, quatre baſtilles l'enſerraient; ſon ſort devenait douteux. Tout d'un coup, le 29 avril, un convoi ſe préſente, il paſſe au travers des Anglais, il entre triomphalement dans la ville. Qui vient d'accomplir ce miracle ? La réſolution ſuccédant à la nonchalance. Qui a opéré ce revirement, qui a tiré Charles VII de ſon ſommeil léthargique, qui l'a rendu à la France ? Le dévouement d'une jeune fille de dix-

(1) Nous écrivons d'Arc & non *Darc*. Cette dernière forme a été adoptée par M. Vallet (de Viriville), mais elle ne porte avec elle aucune ſignification particulière & n'indique pas plus que l'autre que la Pucelle ſoit ſortie du peuple & de la campagne. En effet, la forme *d'Arc*, conſacrée par l'uſage, n'exprime pas la qualité nobiliaire, pour une famille qui a été anoblie en 1429 ſeulement, pendant les exploits de la Pucelle & ſous un nouveau nom (du Lis). Conſultez à ce ſujet l'écrit de M. *Paulin Paris* lu à l'Académie de Reims, le 31 juillet 1861, ſous ce titre : *De la particule dite nobiliaire.*

(2) Nous l'avons démontré au tome II de nos *Portraits militaires*.

huit ans (1) qui s'eſt dit : « Volons aux combats, agiſſons, oſons ; la France s'eſt toujours relevée quand elle l'a voulu. »

Une fois la cour ſéduite par ſon grand ſens & ſon éloquence, une fois qu'une fonction militaire lui eſt accordée, cette jeune fille habituée dès ſon enfance à manier un cheval, au milieu d'un pays (2) où l'on s'occupe de l'élevage de la race chevaline, rompue à l'exercice de la lance par des jeux fréquents au milieu des guerres civiles, arrive ſous les murs d'Orléans avec un convoi que les Anglais laiſſent paſſer, nous venons de le dire, & s'enferme dans la ville. Elle écrit au duc de Bethfort : « Duc, vous qui vous dites régent de France par le roi d'Angleterre, la Pucelle vous prie & requiert que vous vous faciez deſtruire. Se vous ne faictes raiſon, aux yeux pourrez veoir qu'en ſa compagnée les François firent le plus beau fait qui oncques fut faict en la chrétienté. » Puis elle ſe réſout à paſſer de la défenſive à l'offenſive ; malgré une délibération contraire du conſeil de guerre, au lieu de laiſſer l'ennemi continuer ſes progrès, elle ſort de la cité entraînant ſur ſes pas chevaliers & ſoldats, s'acharne après

(1) Elle s'en donne elle-même *dix-neuf*, un an après, lors de ſon premier interrogatoire, le 21 février 1430. Hume ſe fait l'écho d'un bruit qui attribuait vingt-ſept ans à notre héroïne.

(2) Elle eſt née à Domremy, près de la frontière de Champagne & de Vaucouleurs.

la baſtille de Saint-Loup, la preſſe ſi bien qu'elle ſe rend; les trois autres baſtilles éprouvent le même ſort & les Anglais lèvent le ſiége. Quel exemple plus probant de l'utilité d'*animer la défenſe* & d'oppoſer à l'aſſaillant ſes propres armes, celles de l'audace, de la volonté, de la conquête ſucceſſive & pas à pas, en un mot de chercher à renverſer les rôles ?

Orléans délivrée, Jeanne propoſe ſans héſiter de procéder à l'acte le plus ſignificatif & le plus eſſentiel, mais auſſi le plus difficile, celui du couronnement du roi de France dans Reims. La marche eſt malaiſée, & traverſe les provinces occupées par les Anglais; mais, outre la portée du couronnement, véritable témoignage de délivrance, la poſſeſſion de Reims augmentera ce noyau du beau royaume de France qu'il faut conſerver avant tout & d'où, fortifiés & concentrés, nous pourrons rayonner vers nos frontières pour les purger à leur tour de la préſence de l'ennemi. Charles VII héſite longtemps, mais Jeanne inſiſte & le monarque finit par promettre de marcher ſur Reims, mais à une condition, c'eſt que les places voiſines de la capitale de l'Orléanais ſeraient repriſes. La Pucelle ſe rend donc ſous Gergeau, ville très-fortifiée, dont la garniſon montait à douze cents hommes & contre laquelle les Français venaient d'échouer dans une tentative récente; d'après ſon conſeil on donne l'affaut. Elle fe montre au premier rang, & plante fa bannière au pied des remparts, fous une grêle de traits; une pierre l'atteint & la renverfe dans le foffé, mais de là elle crie aux Français : « Amis, Notre-Seigneur a condamné les Anglais, *ils font à vous,* bon courage ! » & ce mot enflamme tellement les cœurs que la ville eft emportée. La Ferté-Hubert eft évacuée & Beaugency ne tarde pas à fe rendre. Le lendemain de la prife du château de cette dernière place, les Anglais, qui viennent d'opérer leur jonction, fe trouvent à Pathay, non loin de Rouvrai où l'un de leurs chefs, Faftol, a naguère été victorieux; ils font en nombre, mais les temps font changés, & exhortés par Jeanne, les Français attaquent non-feulement fans fe former, mais même fans fe reconnaître; heureufement c'était le moment de l'enthoufiafme dans fa nouveauté & fa vigueur entière. Cet enthoufiafme produit fon effet & en peu d'inftants la victoire fe déclare pour le drapeau que défend la Pucelle. Faftol lui-même s'enfuit; l'autre chef anglais, Talbot, demeure au nombre des prifonniers. A la fuite de ce fuccès, Janville, place d'approvifionnement des Anglais, fe rend. De tels fuccès déterminent chez l'indécis Charles VII la réfolution d'accomplir fa promeffe; il fe met en route pour Reims, & en dix-huit jours franchit l'intervalle entre Gien & la ville du facre, malgré plusieurs rivières, malgré plusieurs places fortes; le 17 juillet 1429 il est sacré & acquiert une force morale importante aux yeux des populations. A ce résultat s'en joint un autre dû à l'influence de Jeanne; on accourt plus volontiers sous les drapeaux & l'armée s'accroît. Si le roi de France eût été moins dénué d'argent, tout aurait bien été, au moins tant qu'il ne serait pas retombé dans sa funeste apathie. Le témoignage d'un contemporain (1) est formel, la renommée de notre héroïne attirait les combattants : « Plusieurs seigneurs, capitaines & gens d'armes, dit-il, venoient de toutes parts au service du roy; & plusieurs gentilshommes, non ayans de quoy en armer & monter, y alloient comme archers & coustiliers, montez sur petits chevaulx (2); car chascun avoit grande attente que par le moyen d'icelle Jehanne il adviendroit beaucoup de bien au royaume de France; si désiroient & convoitoient à la servir & congnoistre ses faits, comme une chose venue de par de Dieu. » Le même auteur, Cousinot de Montreuil, dépeint ensuite la Pucelle en des lignes que nous ne pouvons laisser échapper, tant elles représentent au vif celle

(1) Il était né vers 1400.

(2) Sur chevaux ordinaires, par opposition aux *grands chevaux*, qui servaient aux chevaliers les jours d'action, d'où l'expression *monter sur ses grands chevaux* pour *se fâcher*. Reportez-vous à la note 1 de la page 136 ci-après.

dont nous devons ici retracer rapidement la carrière : « Elle chevauchoit tousjours armée de toutes pièces, & en habillement de guerre, autant & plus que capitaine de guerre qui y fuſt; & quand on parloit de guerre ou qu'il failoit mettre gens en ordonnance, il la faiſoit bel ouyr & veoir faire les diligences; & ſi on crioit aucunes fois à l'arme, elle eſtoit la plus diligente & première, fuſt à pied ou à cheval; & eſtoit une très grande admiration aux capitaines & gens de guerre, de l'entendement qu'elle avoit en ces choſes, veu que en autres elle eſtoit la plus ſimple villageoiſe que on veid oncques (1). »

Après le couronnement vint l'expédition de l'Ile-de-France. Un grand nombre de places cèdent aux Français : deux fois ces derniers offrent la bataille (2), deux fois Bedfort la refuſe & ſe retire de Dammartin, ville près de laquelle devait s'engager la ſeconde action; l'armée royale chemine par Compiègne, Beauvais, Lagny, Saint-Denis, localités dont elle s'empare, atteint la Chapelle, près Paris, & fait l'attaque de cette capitale, attaque dans laquelle Jeanne eſt bleſſée.

Voici comment ce fait arriva. Il paraît que Jeanne, ſuivant ſa coutume, conſeillait vivement

(1) *Chronique de la Pucelle*, par Cousinot de Montreuil (neveu du chancelier Coutinot), chap. LV.

(2) A la Motte de Nangis, château près de Nangis & entre Dammartin & Mitry.

d'en venir à un aſſaut, ignorant la grande profondeur de l'eau dans les foſſés. Dans le conſeil elle éprouva une vive oppoſition, car déjà on l'enviait & beaucoup n'euſſent pas été fâchés qu'il lui arrivât mal. Néanmoins elle vint contre la ville avec un gros de gendarmes & en compagnie du ſeigneur de Rais, maréchal de France, deſcendit en l'arrière-foſſé, très-accompagnée encore, monta ſur un *dos-d'âne,* c'eſt-à-dire ſur une dame (1), comme nous dirions aujourd'hui, &, s'aidant d'une lance, ſonda l'eau du foſſé. Pendant qu'elle ſe livrait à cet examen des lieux, un trait lui perça la cuiſſe. Malgré cette bleſſure, elle demeura ſur ce point, fit apporter force faſcines & bois de toute eſpèce, &, les jetant à l'eau, eſſaya de combler le foſſé. Son intention était de marcher droit à la muraille par-deſſus ce comblement; mais la choſe était des plus difficiles, & il eût fallu des approviſionnements de bois plus conſidérables. La nuit venue, elle perſiſtait encore; en vain on l'envoyait chercher, & il fallut que le duc d'Alençon vînt lui-même pour l'arracher à ſon projet & ſurtout au danger qu'elle courait. Déjà, en effet, ſa perſonnalité était devenue importante, & l'on ſongeait à veiller à ſa conſervation (2).

(1) Gros mur qui ſépare deux portions de foſſé.

(2) Plus tard il en fut ainſi de Vauban.

La campagne ſuivante, celle de 1430, s'annonçait néanmoins ſous d'heureux auſpices; elle débute bien. Jeanne, raſſemblant les garniſons des alentours, y défait elle-même, agiſſant pour ainſi dire comme chef de guerre (1), le partiſan bourguignon Franquet d'Arras, « courageux homme & de riens esbahy que véiſt », & le fait priſonnier. Elle revient alors à Lagny, puis à Soiſſons, Crépy & Compiègne. Nous touchons à la cataſtrophe qui termine ſa carrière militaire. Toutefois, de Compiègne qui lui ſert preſque de centre pour rayonner dans les alentours de cette place, elle court à Pont-l'Évêque, bourg ſitué à 300 mètres au ſud de Noyon, & par lequel Philippe de Bourgogne recevait ſes approviſionnements tirés de Noyon & de la Picardie. En vain Chabannes & Xaintrailles l'accompagnent, en vain deux mille hommes la ſuivent, en vain même la garniſon anglaiſe de Pont-l'Évêque eſt ſur le point de céder; les Bourguignons poſtés à Noyon paraiſſent ſur nos derrières, nous prennent entre deux feux, nous obligent à nous replier (mai 1430). Qu'on ne s'étonne pas de voir Jeanne céder ainſi à la néceſſité, car, ſi cette expédition lui fait

(1) Sans en avoir le titre, ſi nous en croyons ſes réponſes dans ſon *Procès*. Voyez à ce ſujet la p. 209 du t. II des *Portraits militaires*. Cependant dans ſa lettre au roi d'Angleterre écrite au début de ſa carrière, elle dit : *Je ſuis chef de guerre*, mais c'eſt une manière d'avertir qu'elle va prendre les armes.

honneur, elle ne pouvait s'accomplir qu'à la condition de réuffir promptement ; en la tentant, en effet, on s'expofait à être coupé par l'armée bourguignonne occupée au blocus de Gournay (1).

Quand Jeanne revint à Compiègne, cette dernière ville fe trouvait déjà *un peu à l'eftroit.* Elle voulut la dégager, efpérant, fi elle parvenait à rendre fes alentours plus libres, pouvoir enfuite y batailler affez pour forcer l'ennemi à lever le fiége. C'était un grand coup à frapper; fuivant fon habitude, elle le défira définitif, retentiffant & furtout immédiat. Sortant donc peu d'inftants après fa rentrée dans la cité compiégnoife, elle courut à l'un des deux camps bourguignons pendant que le gouverneur de la ville fe chargeait du camp anglais; elle réuffit à bouleverfer les deux camps bourguignons, mais, une fois ralliées, les troupes de ces camps revinrent enfemble à la charge; la lutte recommença. Les Anglais, ayant échappé à l'attaque qui les menaçait, fe montrèrent à leur tour fur les derrières de la troupe de la Pucelle; une terreur panique fe déclara, les efforts de notre héroïne devinrent inutiles, & en voulant, non continuer la lutte,

(1) Reportez-vous, relativement à cette expédition fur Pont-l'Evêque, à un travail d'érudition confciencieufement exécuté & rédigé fort fobrement; nous voulons parler de *Jeanne d'Arc, ou Coup-d'œil fur les révolutions de France au temps de Charles VI & de Charles VII & furtout de la Pucelle d'Orléans*, par M. Berriat Saint-Prix, 1 vol. in-8o. Paris, 1817, chez Pillet, p. 269.

mais couvrir la retraite jufqu'au pont [les Français revenaient de Margny & de Clairoi (1)], elle fut entourée & devint prifonnière (28 mai 1430).

En préfence de ce malheur on eft tenté de croire à la trahifon. Certes il exiftait au cœur de plus d'un chevalier une jaloufie fecrète contre cette jeune fille qui venait de s'improvifer chef de guerre, qui montrait l'entente du métier des armes & femblait infpirée, au point d'ébranler les plus incrédules fur la réalité de fa miffion providentielle; il en était en cette occafion, & en particulier fous les murs de Compiègne comme dans tous les moments, en tous les lieux où furgit une perfonne de talent, on nie fes mérites, on l'accufe, on l'abat. En outre, Jeanne d'Arc était animée d'une volonté de fer, & cherchait à réuffir par des moyens nouveaux; donc impofant avec ténacité ce qu'elle voulait, donnant aux plus grands des ordres contraires à la routine, elle femme & très-jeune, ou bien fe paffant de leur concours, elle dut irriter plus d'un efprit & faire naître contre elle des défirs de vengeance. Pourtant le jour même où elle tombe en captivité, affez de caufes contraires fe réuniffent pour juftifier un accident fatal, pour écarter l'idée de l'intervention d'un traître. En effet, il y a lieu de

(1) Villages fitués fur la rive droite de l'Oife; Compiègne occupe la rive gauche.

ſuppoſer que ce jour-là, venant de Pont-l'Évêque, elle ne put pénétrer dans Compiègne ſans un combat. Or, un combat livré le matin, après une route ſuccédant elle-même à un engagement, formait un mauvais prélude pour une ſortie auſſi importante que celle dirigée contre les trois camps ennemis; ſi Jeanne, qui réſiſtait à tout, n'était pas fatiguée (& cela n'eſt pas démontré), ſon entourage l'était, & certes les conditions dans leſquelles s'accompliſſait cette ſortie devenaient mauvaiſes. Ainſi la témérité de la Pucelle peut avoir été cauſe indirecte de ſa captivité. Nous cherchons à jeter du jour ſur ces événements, & point à accuſer Jeanne, car il nous ſemble que cette fin cruelle de ſa vie militaire, infligée par les Anglais, manquerait à ſa mémoire, que ſon auréole de gloire ſerait moins grande, ſi elle avait fini tranquillement, même après l'expulſion entière de nos ennemis du ſol national.

Et pour compenſer ce ſemblant de reproches nous réſumerons les *états de ſervice* de Jeanne; nul tableau ne ſaurait être plus éloquent. En quinze mois de guerre continuelle, elle a parcouru *douze cents lieues;* voilà pour ſon activité qu'aucune autre femme guerrière n'a dépaſſée. Dans le même intervalle de temps elle a pris part à plus de vingt batailles ou combats, ou ſiéges ou levées de ſiéges, & elle a été bleſſée quatre fois; voilà pour ſon courage. Quant au réſultat final, c'eſt ſon influence qui a ſauvé la France, & malgré ſa diſparition de la ſcène, Charles VII, grâce à elle, vit ſa puiſſance grandir, ſes alliances s'augmenter, ſa capitale lui ouvrir ſes portes; encouragé par le ſuccès, il jeta de côté les liſières que ſa maîtreſſe ou ſes favoris lui avaient impoſées, adminiſtra ſagement, rendit de bonnes lois, créa le premier des troupes permanentes, en un mot régna, & non ſans gloire.

Jeanne d'Arc a-t-elle eu des compagnes? d'autres femmes ou filles ont-elles combattu près d'elle & ſous ſa direction? c'eſt probable, au moins dans les défenſes de villes, au moins à Orléans; mais à ce ſujet nous manquons de preuves poſitives (nous ſavons ſeulement que durant l'aſſaut pluſieurs repouſſèrent les Anglais à coups de lance). Nous n'avons rencontré aucun nom, & force nous eſt de nous en tenir à une ſimple indication, confirmée du reſte par l'auteur du *Miſtère du ſiége d'Orléans* (1). C'eſt regrettable, car nulle *pléiade* ne montre mieux

(1) Poëme du xve ſiècle, publié intégralement en 1862 par MM. Gueſſard & de Certain dans les *Documents inédits ſur l'Hiſtoire de France*. On y lit en effet :

Que les dames & les bourgeoiſes (vers 2100)
Facent boullir huilles & chaulx,
Pour les gecter ſur les murailles,

&

Sachez, ſire, que ceulx d'Orleans (vers 14744)
Y ont fait grandement devoir;
Tant hommes, femmes & enſfans
Vous ont ſervy de bon vôloir.

comment l'emploi des femmes à la guerre eſt poſſible, profitable, comment il ſtimule par l'exemple les hommes, alors qu'ils en ſont venus à cette apathie qui ſignale les commencements du règne de Charles VII.

Il nous reſte à raconter les épreuves & la mort de la Pucelle d'Orléans; dans ce récit le courage, le caractère de cette femme extraordinaire brilleront encore.

La première épreuve de Jeanne fut d'être vendue. Le ſeigneur entre les mains duquel elle fut obligée de rendre ſon épée la céda à Jean de Luxembourg, l'un des chefs bourguignons; celui-ci n'héſita pas à la livrer à ſon tour, pour une ſomme d'argent (1), à Pierre Cauchon, évêque de Beauvais.

La deuxième épreuve conſiſte dans ce procès bizarre où l'on chercha à la trouver en faute & où finalement on la condamne pour des révélations, des apparitions, preſque comme ſorcière, ſi le reſpect qu'on doit témoigner à ſa gloire ne nous empêchait à ſon égard d'employer ce mot, & de terminer cette penſée dont le tribunal qui la jugeait n'eut pas honte.

Sa troiſième épreuve réſide dans les tentatives faites dans ſa priſon pour lui faire violence, elle

(1) Dix mille francs environ.

dont la pureté de mœurs eſt reconnue par les auteurs anglais eux-mêmes.

La quatrième épreuve, c'eſt l'abandon de ſon monarque, de Charles VII; elle venait de ſauver ſa couronne, de lui préparer une fin de règne louable, glorieuſe même, & ce ſouverain, ſatiſfait ſans doute de lui avoir fait délivrer des lettres de nobleſſe (1), ne ſonge ni à l'échanger, ni à obtenir par des menaces de repréſailles la ceſſation de ſon procès.

Et pourtant Jeanne, qui s'eſt dévouée, ne ſe plaint pas; il ne lui arrive pas même de penſer, ou plutôt de murmurer, comme tant d'autres victimes illuſtres : *ingrat comme un roi*. Non, elle ſe réſigne, & ſa ſoumiſſion ſe manifeſte non-ſeulement envers l'Égliſe, mais envers ſes juges. Liſez plutôt ſon procès. Au vingt-deuxième interrogatoire, le 22 mai 1431, elle répond qu'on ne lui a pas tenu promeſſe : « c'eſt à ſcavoir : qu'elle iroit à la meſſe, qu'elle recepvroit le *corpus Domini*, qu'elle ſeroit miſe hors de fers; & qu'elle aimeroit mieux mourir que eſtre ès dits fers; mais ſe on lui permet aller à la meſſe, & qu'elle ſoit miſe hors de fers, *elle fera tout ce que l'égliſe ordonnera & voudra* ». Puis comme on lui demande pourquoi elle portait ordinairement des habits d'homme, elle dit avec ſens : « Il me ſem-

(1) A Mehun, le 29 déc. 1429.

bloit plus licite & convenable avoir habits d'homme autant que je ferois avec les hommes » ; & comme on insiste pour qu'elle n'en porte plus, elle se soumet (malgré les tentatives faites sur son honneur & dont nous venons de parler), articulant ces simples mots : « Se les juges veulent, je reprendrai l'habit de femme. »

La mort de cette héroïne est à la fois grande & simple comme sa vie entière. Conduite dans une charrette sur la place du Vieux-Marché de Rouen, sous la garde de sept cents soldats anglais, & montée sur une plate-forme avec les prélats, elle entendit contre elle, contre ses actes, un sermon violent, puis se mit en prières publiquement, hautement, demandant à tous merci, requérant qu'on priât pour elle, & arrachant ainsi par sa parole des larmes à un grand nombre. Alors le bailli prescrivit au bourreau de s'emparer de sa personne & de la conduire au bûcher; comme l'inquisition l'avait condamnée, la justice séculière ne pouvait intervenir que de la sorte pour l'exécution. Elle descendit de la plate-forme où elle venait d'être exposée, salua les assistants & monta sur le bûcher; quand les flammes montèrent, ce fut elle qui eut la présence d'esprit d'avertir son confesseur afin qu'il se retirât; restée seule, elle invoqua les saints & les saintes du paradis & mourut en proférant le nom de Jésus. Cette mort cruelle n'assouvit pas encore la haine de ses ennemis, la haine plutôt des ennemis de la

France; le jour même le cardinal d'Angleterre ordonna au bourreau, qui le fit ſans délai, de raſſembler ſes reſtes & de les jeter dans la Seine.

La mémoire de cette touchante victime fut réhabilitée le 7 juillet 1456 ſeulement. Charles VII était mort, mort de faim, par la crainte d'être empoiſonné par ſon fils; l'Angleterre tremblait encore devant ſon ſouvenir, du moins ceux de ſes ſoldats enrôlés pour ſervir en France déſertaient au moment de l'embarquement; l'évêque Pierre Cauchon, qui l'avait jugée le voulant bien, puiſqu'elle n'appartenait pas à ſon diocèſe & n'avait pas été priſe ſur ſon territoire, était mort excommunié & ſon corps avait été jeté à la voirie par la populace; ne dirait-on pas le jugement de Dieu?

Jeanne d'Arc, relatons-le pour terminer, menait une vie ſobre, ſans laquelle on accomplit rarement de grandes choſes; elle buvait, mangeait & dormait peu. Elle préférait l'entretien des hommes à celui des femmes, trouvant ſans doute celui-ci futile, & cela s'explique par le fait qu'elle ne prenait point part à leurs occupations habituelles; même avec les hommes l'exubérance de paroles la fâchait : « Si l'on parle trop, remarque un étranger, on la fâche, & tout mot ſuperflu ne fait aucune impreſſion ſur elle (1). » Elle ſe tenait

(1) Lettre adreſſée au duc de Milan par Perceval.

bien à cheval (1), & ſupportait facilement la fatigue; on la vit une fois reſter ſous les armes, ſans ſe repoſer, durant ſix jours & ſix nuits. Son humanité envers les ſoldats malades ou bleſſés a été ſouvent célébrée. Enfin, particularité eſſentielle, imitée plus tard par la Tour d'Auvergne, le *premier grenadier,* elle ne tuait pas; auſſi ne ſe ſervait-elle pas de ſon épée ornée de cinq croix (2), & c'eſt pour cela qu'elle portait une bannière.

On ne peut dire que la Pucelle fût jolie, mais elle avait une *phyſionomie agréable;* le mot ſe trouve dans les contemporains, & le portrait placé à l'hôtel de ville d'Orléans, s'il eſt authentique, en fait foi.

Une payſanne de la Valteline mérite de terminer ce chapitre en prenant place à côté de la gloire pure & renommée de Jeanne d'Arc. Il s'agit de la bergère Bonne qui, rencontrée un jour par Pierre Brunoro, officier parmeſan diſ-

(1) « Interrogée ſe elle avoit un cheval quand elle fut prinſe, & s'il eſtoit courſier ou haquenée, reſpond qu'elle eſtoit à cheval ſur un *demi-courſier* » (interrogatoire du 10 mars), c'eſt-à dire ni ſur un *grand cheval,* ni ſur un *courtaud.* Voyez la note 2 de la page 124 ci-deſſus, & auſſi, à la page 519 du tome Ier de l'*Hiſtoire de France* de MM. Bordier & Charton, la reproduction d'une ſtatue en bronze repréſentant la Pucelle d'Orléans à cheval.

(2) Cette épée ſe trouvait enfouie dans le tréſor de ſainte Catherine du Fierbois, à Poitiers, ſans que perſonne connût ſon exiſtence lorſqu'elle la demanda; on alla la quérir, on la fourbit & nettoya, on lui fit faire un fourreau parſemé de fleurs de lis.

tingué, fut enlevée par lui. Il la faiſait habiller en homme & elle le ſuivait à la chaſſe, à la guerre. Après avoir ainſi figuré dans les troupes de François Sforza & dans celles du roi de Naples, Alphonſe, elle acquit de l'influence & fit donner à ſon amant par le ſénat de Veniſe le commandement des troupes de la ſéréniſſime république. Touché de ſon dévouement & de ſon adreſſe, Brunoro épouſa notre héroïne qui ſe diſtingua par ſon courage dans la lutte (1453) entre Veniſe & François Sforza, le premier ſouverain qu'elle eût ſervi. C'eſt elle qui dirigea, les armes à la main, l'aſſaut du château de Parano, près Breſcia, & le fit réuſſir. En récompenſe de cette honorable conduite, le ſénat vénitien la chargea, conjointement avec ſon mari, de la défenſe de l'île de Négrepont, en Grèce, miſſion dont elle s'acquitta à merveille, car les Turcs n'entreprirent rien tant qu'elle fut préſente. Ce fut le dernier acte de ſa vie & de ſa carrière militaire; ſon mari ſuccomba & fut enterré à Négrepont; comme elle revenait veuve & triſte, la Parque cruelle coupa également le fil de ſes jours dans une ville de Morée (1466).

CHAPITRE VII

FEMMES DE LA RENAISSANCE
(1453 à 1562)

—

Nous ouvrirons ce chapitre par un nom devenu français, celui de Marguerite d'Anjou. Fille de René d'Anjou, dit le *bon roi René,* qui portait le titre de roi de Sicile, & nièce de la reine de France, femme de Charles VII, elle épousa Henri VI d'Angleterre, prince incapable, & prit dès l'année suivante, en 1445, un grand ascendant sur ce monarque par son esprit vif, hardi, résolu. Sa carrière prête au roman, le livre écrit sur elle par l'abbé Prévost (1) le fait bien voir, mais ce qui est certain, c'est qu'elle prit part à douze batailles rangées pour défendre les droits de son mari pendant les guerres célèbres de la

(1) L'auteur de *Manon Lescaut :* c'est un des plus faibles ouvrages de cet écrivain doué d'une grande facilité, mais qui composait trop vite.

rose blanche & de la rose rouge. Chacun sait comment ces guerres survinrent. On était déjà mécontent de l'ascendant pris par la reine, quand les droits du duc d'York à la couronne furent à nouveau rappelés & soutenus. La chambre des communes accusa le premier ministre qui fut banni, & bientôt la lieutenance générale du royaume fut accordée au prince, mais presque aussitôt il fut révoqué de ses fonctions & pouvoirs. Alors celui-ci prit les armes, attaqua le roi, le battit, le fit prisonnier; puis il gouverna en son nom. En 1456, Marguerite, profitant d'une absence du duc, conduisit Henri VI à la chambre des lords, & les pouvoirs du vainqueur furent annulés à nouveau; de là le renouvellement de la guerre civile. Battu à Northampton, Henri VI tomba de nouveau en captivité. Marguerite se réfugia avec son fils dans l'Angleterre septentrionale, sut inspirer la compassion, faire naître l'enthousiasme, attirer jusqu'à vingt mille hommes sous ses drapeaux. Enveloppé à Wakefield, le duc d'York fut vaincu, tué. Marguerite défit ensuite le duc de Warwick à Saint-Albans (1461), & délivra son époux; mais elle s'abandonna à des exécutions inutiles & ne put empêcher le fils du duc d'York d'être proclamé roi à Londres, sous le nom d'Édouard IV. Malgré un effectif de soixante mille soldats, elle fut défaite dans la journée de Towtown, &, proscrite, se réfugia en

Écoſſe, puis en France. Revenue de ce dernier pays avec un ſecours de vingt mille hommes, elle ſubit une nouvelle déroute à Exham (1464). C'eſt alors que la chronique place une ſcène ſingulière. Cachée dans une forêt avec ſon fils, elle eſt dépouillée & parvient à s'échapper, mais d'un piége elle tombe dans l'autre, & un voleur formidable s'avance contre elle, l'épée à la main; la promptitude d'eſprit la ſauve, elle marche au voleur, & lui préſentant le prince enfant : « Je vous confie, lui dit-elle, le fils de votre monarque. » Ce mot heureux, cet appel plein de confiance lui vaut un partiſan qui la cache & lui fournit les moyens de paſſer en Flandre. Pendant qu'elle raſſemble une armée, un retour de fortune rend à Henri VI la liberté & le trône qu'il perd peu après avec la même facilité. Ses partiſans s'agitent cependant; ils ſont défaits à Barnet. A ce moment Marguerite débarque à Weymouth avec ſon fils, devenu un homme, car il compte dix-huit ans. Des forces impoſantes ſe rallient encore autour d'elle, mais Edouard VI les atteint promptement & les anéantit à Tewkesbury. Les malheurs de Marguerite d'Anjou atteignent alors le comble; elle voit poignarder ſon fils ſous ſes yeux, elle eſt renfermée dans la tour de Londres où ſon mari ſuccombe peu de jours après ſous les coups d'un aſſaſſin. Après quatre ans d'une dure captivité, elle fut échangée par le traité de Picquigny (1475), moyennant une rançon de 50,000 écus payée par Louis XI (1).

Pendant le déclin de l'étoile de Marguerite d'Anjou, une jeune fille du nom de Jeanne Foucquet, & que les ſouvenirs populaires ont appelée *Jeanne Hachette,* ſe diſtinguait au ſiége de Beauvais par le duc de Bourgogne; elle contribuait à repouſſer les aſſauts de l'ennemi, en renverſant, à coups de hache, pluſieurs hommes d'armes parvenus aux derniers degrés de l'échelle & en s'emparant ainſi d'un étendard qu'elle dépoſa enſuite dans l'égliſe des Jacobins (2). Louis XI n'alla pas juſqu'à l'anoblir, mais il l'exempta de payer la taille, elle & ſes deſcendants; c'était à la fois une diſtinction & un allégement. Le même monarque accorda aux femmes de Beauvais, par lettres patentes datées de 1473, le privilége de prendre le pas ſur les hommes à la proceſſion & à l'offrande du 10 juillet, pendant la fête établie en ſouvenir de la levée du ſiége (3). Un des hiſtoriens officiels du temps, Pierre Mathieu, commente & juſtifie ce privilége, quand il dit de la conduite virile de Jeanne Hachette :

(1) Elle vécut depuis lors en France & y mourut le 25 août 1482, âgée de cinquante-neuf ans.

(2) A la révolution cet étendard fut enlevé de l'égliſe & dépoſé dans les archives de la mairie.

(3) Cette fête exiſte encore : elle rappelle celle inſtituée dans Argos après les exploits de Téléſilla. (Voyez notre chap. III.)

« C'eftoit bien pour faire connoiftre que la vertu ne diftingue ny le cens, ny le fexe, & que l'on trouve des femmes qui peuvent apprendre aux hommes à vivre & à mourir. » Un homme politique de la France du XIXe fiècle, le comte de Vaublanc, poëte à fes heures, a dit de Jeanne Hachette & du triomphe annuel qu'elle conquit pour les femmes de Beauvais :

Triomphante trois fois dans ce terrible fiége,
Elle obtient de fon roi le plus beau privilége :
Les hommes, par fon fexe en pompe précédés,
S'avancent après lui, *fans être dégradés* (1).

Vers ce même temps vivait en Caftille une reine demeurée célèbre par fes actes & comme aïeule de Charles-Quint, Ifabelle la Catholique. Elle était fœur du roi de Caftille & fon héritière, car il ne poffédait pas d'enfant légitime, mais ce

(1) *Difcours en vers fur le courage des Françaifes*, in-8°, Paris, 1834, imprimerie de Firmin Didot. Opufcule tiré à petit nombre, non mis dans le commerce & fort rare. Je poffède un exemplaire de ce petit poëme, fort bien relié & précédé de cet *envoi* à une dame, écrit de la main de l'auteur : « Les Françaifes ont étonné l'Europe par leur courage pendant les exécrables jours (ceux de la Révolution françaife). Jamais le foleil n'avait éclairé tant d'atrocités exercées fur les femmes dans aucune contrée. Elles allaient à la mort avec intrépidité; elles ont atteint le ciel. D'autres Françaifes leur en avaient donné l'exemple dans d'autres temps; j'ai effayé de les peindre : j'offre cet effai à l'indulgence de celle qui eft digne d'apprécier ce qui eft noble, courageux & dévoué. » Le comte de Vaublanc fut miniftre de l'intérieur fous Louis XVIII; il a laiffé des mémoires intéreffants.

prince voulait laiſſer ſon trône à la princeſſe Jeanne qui n'était, au ſu de tous, ſon enfant qu'en apparence. Les qualités d'Iſabelle lui attiraient de nombreux partiſans; elle en eut encore plus quand elle eut épouſé, de ſon propre choix, Ferdinand, fils du roi d'Aragon; auſſi, après avoir été dégradée de tous ſes droits à la couronne de Caſtille, elle ſe vit réintégrée dans ses honneurs par ſon frère qui fut effrayé de la puiſſance de ſon parti. Iſabelle demanda ſans délai que tous les ordres du royaume prêtaſſent entre ſes mains le ſerment de fidélité, comme à l'héritière préſomptive de la couronne, promettant de ſe dévouer elle & ſon mari aux intérêts du roi, offrant de donner en otage ſa fille unique. Ces prétentions irritèrent ſes adverſaires, & elle fut aſſiégée dans Avila, ville qu'elle conſidérait comme importante en raiſon du tréſor royal qui s'y trouvait dépoſé, & qu'elle ne voulut pas quitter malgré toutes les inſtances de ſon mari. La mort du roi ſon frère (1474) vint la délivrer. En vain ce monarque avait-il déclaré la princeſſe Jeanne ſon héritière. Ferdinand & Iſabelle furent déclarés rois de Caſtille, & reçurent le ſerment des principaux habitants, mais avec des reſtrictions vis-à-vis de Ferdinand qui était conſidéré par beaucoup de Caſtillans comme le mari de la reine plutôt que comme le roi; ainſi les gouverneurs des villes & citadelles devaient être nommés au nom d'Isabelle. Le trésor royal tomba promptement au pouvoir des nouveaux souverains, grâce à l'habileté d'Isabelle qui amena le garde de ce trésor à son parti en achetant sa soumission moyennant le don d'un marquisat & d'un comté. Cet argent servit à soutenir la guerre contre Jeanne & son parti, contre les Portugais, contre les Français. Isabelle y prit part autant que son époux. Elle dirigeait la levée des troupes, les exerçait, les passait en revue, excellait à leur adresser des paroles d'encouragement. Elle suivait l'armée, partageant les fatigues & les dangers des combattants : on la voyait dans les camps choisir un détachement & aller à sa tête reconnaître la situation exacte de l'adversaire. Elle parcourait les différentes provinces de l'Espagne, afin d'assurer les approvisionnements de son armée. Un jour de bataille (1) elle paraissait à la tête de sa cavalerie, excitait chacun à faire son devoir & donnait l'exemple. Tant d'activité, un tel héroïsme fixa la victoire sous ses étendards; Jeanne, vaincue, prit le voile (1479), les Portugais & les Français firent la paix. Depuis cette époque Isabelle & Ferdinand gouvernèrent avec talent & gloire. Parmi leurs actes remarquables il faut citer la réduction de la fameuse ville de Grenade, riche de son millier de tours,

(1) Le roi de Portugal fut défait en 1476, à Toro, par Isabelle & Ferdinand.

de ſes 400,000 habitants & de ſes fabriques de ſoierie, & auſſi la protection accordée à l'explorateur Chriſtophe Colomb. Iſabelle mourut en 1504 d'une maladie grave contractée pour avoir été trop ſouvent à cheval; depuis ſa première participation aux luttes armées, elle n'avait pas eu d'autre monture, & c'était imprudent pour une femme.

Nous nommerons en paſſant Donella Roſſi, fille de Torelli Antonia, petite-fille d'Orſina Viſconti (1), laquelle, aſſiégée en 1483, en l'abſence de ſon mari Gibert Sanvitale, par ſon propre père & ſon couſin, dans le château de Sala, qui devint plus tard la réſidence des ducs de Parme, y ſoutint un aſſaut, défendit vigoureuſement la brèche, repouſſa finalement l'ennemi & tua, dit-on, ſon couſin, d'un coup d'arquebuſe. Arrivons ſans retard à ce que nous avons à dire des guerres du nouveau monde, de ce monde découvert grâce à la confiance qu'Iſabelle de Caſtille eut dans les promeſſes de Colomb, & de la part priſe à ces guerres ſoit par les femmes eſpagnoles, ſoit par les femmes indigènes : le ſujet ſe préſente en effet plus neuf & ne peut manquer d'intéreſſer le lecteur.

Pendant le long ſiége que Fernand Cortez, le vainqueur de Montezuma, fit de la ville de

(1) Reportez-vous à notre chapitre intitulé *Moyen âge*.

Mexico en 1521, il eut à ſubir un aſſaut infructueux & l'abandon de ſes alliés. Il ne ſe laiſſa pas abattre & ſut ranimer l'énergie de ſes ſoldats. Ceux-ci, ſi le courage leur avait manqué, auraient rougi devant leurs femmes. Pluſieurs de ces femmes reſtèrent dans le camp & méritent que l'hiſtoire rediſe leur héroïſme. L'une d'elles montait la garde pour ſon mari fatigué, & pour accomplir ce devoir endoſſait ſon armure. Une autre, munie d'une épée & d'une lance, ſe donnait pour miſſion de ſe jeter au-devant de ſes compatriotes quand ils cédaient du terrain, les ralliait, les ramenait au combat. En vain Cortez repréſenta à ces guerrières de demeurer à Tlaſcala. « Une femme caſtillane », lui fut-il répondu, « doit partager les périls de ſon mari & mourir avec lui s'il le faut. » L'hiſtorien Herrera (1) nous a conſervé le nom de cinq de ces héroïnes : Beatrix de Palacios, Maria de Eſtrada, la plus ſouvent citée, Juana Martin, Iſabel Rodriguez & Beatrix Bermudez. Suivant Torquemada, l'héroïne Maria de Eſtrada maniait l'épée & le bouclier comme aurait pu le faire le meilleur homme d'armes; elle épouſa plus tard Pedro Sanchez Farfan & reçut en récompenſe de ſa bravoure le village de Tetela (2).

(1) *Hiſt. general*, dec. 3, lib. I, cap. XXII.

(2) *Monarquica India*, IV, 72.

La dernière période du même ſiége révèle les femmes aztèques comme partageant les fatigues de leurs époux, d'autant plus valeureux qu'ils déſeſpéraient du ſuccès. Auſſi conſtantes que les femmes de l'ancienne Carthage ou que l'Amazone des Ouollos qui lutta contre le négus d'Abyſſinie, Théodore II (1), elles prodiguaient leurs ſoins aux malades & aux bleſſés, approviſionnaient les guerriers de pierres & de flèches, préparaient même leurs frondes ou tendaient leurs arcs (2).

Outre le courage inné chez certaines femmes, il faut conclure des faits précités relatifs au ſiége de Mexico, que la femme s'attache à l'homme aimé comme le lierre, s'habitue comme lui au danger, l'imite, prend les armes pour le ſoulager & auſſi pour contribuer à l'augmentation du gain & du bien-être du ménage (3).

Préciſément à la même date, 1521, un autre ſiége fameux intéreſſait & inquiétait l'Europe chrétienne. Nous voulons parler du ſiége de Rhodes, ſous le grand maître Pierre d'Aubuſſon. Là toutes les femmes, chrétiennes ou juives, menacées de l'eſclavage au fond d'un harem,

(1) Elle ſe nommait *Oarkèt* : liſez *Théodore II*, par LEJEAN, p. 54.

(2) Sur le ſiége de Mexico, conſultez *Hiſtoire de la conquête du Mexique*, par M. PRESCOTT, trad. françaiſe par M. Amédée Pichot, 1846, livre VI, chap. VI & VII, t. III, p. 115, 129.

(3) Chimène elle-même, la bien-aimée du Cid, ne reſte pas indifférente à ce bien-être. Reportez-vous à la fin de mon petit écrit : *La gloire des armes chez Corneille*, 1867.

&, ce qui eſt pis, du déshonneur, prirent part comme les hommes aux travaux du ſiége; les religieuſes elles-mêmes déſertèrent leurs couvents & ſervirent avec zèle les ouvriers qui travaillaient à réparer les fortifications de la place (1).

Revenons à l'Amérique; nous y trouvons, préciſément vers la même année (1540), deux faits à noter, à ſavoir l'exiſtence ſimultanée de femmes armées le long de la rivière des Amazones & en Floride, c'eſt-à-dire dans l'une & l'autre des Amériques.

L'exiſtence d'une république de guerrières américaines, analogue à celle qui floriſſait durant l'antiquité ſur les rives du Thermodon, ſe trouve indiquée par le P. Chriſtophe d'Acugna, de l'ordre des Jéſuites, dans ſa *Relation de la rivière des Amazones,* ouvrage traduit & par l'académicien de Gomberville & par le comte de Pagan, maréchal de camp connu dans l'hiſtoire de la fortification (2). Le P. d'Acugna prétend parler ſuivant le récit d'Indiens qui auraient vu ces amazones & l'état formé par elles. Habitant de hautes montagnes, n'admettant d'hommes

(1) *Hiſt. des chevaliers de Saint-Jean de Jéruſalem* (appelés depuis chevaliers de Rhodes ou de Malte), par Vertot, 1772, t. III, p. 86. Voyez ſur *une Grecque*, le *Dict. des batailles*, ſiége de Rhodes, p. 329.

(2) Reportez-vous à ma note, p. 208 du tome II de la 2e édition (1866), de ma traduction de l'*Hiſtoire de la fortification permanente*, de M. le général en chef de Zastrow. On doit à Pagan l'*Aſtrologie naturelle*, in-12, 1659.

dans leurs maiſons qu'une fois par an, élevant pour la profeſſion des armes les filles dont elles ſont mères, tuant probablement les garçons, poſſédant de grands tréſors, elles nous apparaiſſent dès 1541. Du moins à cette époque, les Eſpagnols, qui firent la conquête du pays, en virent au premier rang parmi les Indiens riverains leurs adverſaires; on cite même une jeune fille de la province de Bogore qui tua cinq Eſpagnols à coups de flèches avant de ſuccomber elle-même au plus fort du combat. On peut admettre ces derniers faits, puiſque l'*Hiſtoire militaire des femmes* en contient d'autres analogues & plus certains; mais à conclure de là l'exiſtence d'une nation d'amazones américaines, à rattacher ſurtout cette nation à celle des Amazones aſiatiques de l'antiquité, comme le tente l'abbé Guyon (1), il ſe trouve un intervalle immenſe. Le royaume des Amazones africaines dont parle le même auteur ne peut inſpirer plus de créance, & il faut nous borner ſous ce rapport à rappeler qu'en Ethiopie il y eut au XVIe ſiècle, comme dans l'antiquité, pluſieurs reines célèbres.

Les femmes de la Floride ne forment pas une troupe guerrière ſpéciale, mais elles n'héſitent à ſecourir leurs maris, quand le ſort des armes leur devient contraire, & à courir au-devant de

(1) *Hiſt. des Amazones*, 1741, p. 202, ouvrage déjà cité au chap. Ier du préſent ouvrage.

la mort. Le témoignage de Garcilaſſo de la Vega (1) eſt formel; il s'agit de la bataille de Mauvila livrée par Ferdinand de Soto aux habitants de la Floride (1540) & de la fin de l'action, lorſque les Indiens, après avoir perdu beaucoup de monde, implorent leurs femmes. « Quand on appela les femmes au ſecours, dit-il, quelques-unes combattoient déjà au côté de leurs maris, mais ſitôt qu'elles furent commandées, elles accoururent en foule, les unes avec des arcs & des flèches, les autres avec des épées, des pertuiſanes & des lances, que les Eſpagnols avoient laiſſé tomber dans les rues & dont elles ſe ſervirent adroitement. Elles ſe mirent toutes à la tête des Indiens, &, pleines de colère & de dépit, affrontèrent le péril & firent voir un courage au-deſſus de leur ſexe. Mais comme les Eſpagnols s'aperçurent qu'ils ne ſe battoient preſque plus que contre des femmes, & que ces braves Indiennes ſongeoient plutoſt à mourir qu'à vaincre, ils les eſpargnèrent tellement qu'ils n'en bleſſèrent pas une (2). »

On pourrait rattacher au récit qui concerne

(1) Cet hiſtorien eſpagnol deſcendait des Incas par ſa mère.

(2) *Hiſtoire de la conquête de la Floride*, par Garcilasso de la Vega, traduction Richelet, 2e partie, chap. viii, édit. de 1709, t. II, p. 32; édition de 1731, publiée à Leyde, p. 326. A la ſuite de cette action, au chap. x, l'auteur montre combien la chirurgie militaire était mauvaiſe & combien ces expéditions eſpagnoles, deſtinées à des conquêtes improviſées, ſe trouvaient dépourvues de moyens.

les femmes militaires de l'Amérique pendant le XVIe ſiècle, le fait extraordinaire d'une Eſpagnole, habitant Buenos-Ayres, & nommée *Maldonata,* laquelle ſortit de cette ville aſſiégée par les indigènes, malgré les défenſes du gouverneur, dans le but de ſe ſouſtraire à la famine, & une fois dehors n'eut plus d'autre reſſource que de ſe réfugier dans une caverne où elle eût infailliblement péri ſans l'aſſiſtance d'une lionne qui la prit, dit-on, en affection (1).

Si nous conſidérons à nouveau l'Europe, les faits militaires accomplis par les femmes ne nous feront pas défaut.

Au ſiége de Perpignan, en 1542, une jeune fille, du nom de *Louiſe Labé,* connue par ſes poéſies, parut en compagnie de ſon père, &, entraînée par ſon imagination hardie & romaneſque, prit part aux opérations de la défenſe, & mérita par ſes courageux exploits le ſurnom de *capitaine Loys.* Elle avait pris pour combattre des habits d'homme. Un anonyme du temps a célébré ſes proueſſes :

Là ſa force elle déploye,
Là de ſa lance elle ploye
Le plus hardi aſſaillant.

(1) Nous ne faiſons qu'indiquer ce trait; on le trouvera raconté, avec des détails intéreſſants, dans les recueils conſacrés aux *Animaux célèbres.*

Peu après elle ſe maria dans la ville de Lyon & renonça aux armes; ſa conduite ultérieure paraît avoir laiſſé à déſirer. Elle mourut vingt-quatre ans après la défenſe de Perpignan, ſon unique action de guerre.

Catherine d'Erauſo, religieuſe eſpagnole, appartient à la même époque; elle quitta son couvent, ſervit comme mouſſe ſur les navires qui ſe rendaient en Amérique, s'y engagea dans les troupes de terre, fit la guerre contre les Indiens, ſe diſtingua, & devint officier; à la ſuite d'un duel qui dévoila ſon ſexe, elle revint en Europe & reçut une penſion de Philippe II. Nous la citons ſous toutes réſerves; le récit de ſes aventures pourrait bien être apocryphe (1).

Les femmes hongroiſes ſe diſtinguèrent au milieu du XVIe ſiècle par leur réſiſtance aux armes des Turcs qui cherchaient alors à conquérir leur pays. On vit d'abord les effets de leur courage au ſiége d'Albe (2) (Stuhlweiſſembourg), capitale de ce royaume; pluſieurs ſe portèrent ſur les remparts, afin de venger la mort de leurs maris, & frappèrent d'étonnement l'armée ottomane; on rapporte que l'une d'elles, placée à l'endroit le plus périlleux, abattit avec une faulx la tête de deux Turcs qui ſe montrèrent ſucceſſivement pour

(1) *Hiſtoria de la monja-alferez*, Paris, 1829.

(2) D'où leur déſignation fréquente, pour ce fait particulier, ſous le nom d'*Albaines*.

efcalader la muraille. La ville de Valpon fut défendue, pendant cette même guerre, trois mois durant par une femme. La place d'Agrin montra encore la valeur des Hongroifes; elles fecondèrent les combattants, en leur portant tous les projectiles poffibles. Comme l'une d'elles, armée d'une groffe pierre, eut la tête emportée par un boulet, fa fille, ivre de fureur, ramaffa la pierre, la lança contre les ennemis, puis fe jeta au milieu d'eux, facrifiant fa vie pour en bleffer plufieurs : à deux pas de cette fcène, une autre femme refufait d'emporter le cadavre de fon mari abattu par un coup de feu & reftait à fon pofte fur le rempart, difant : « Défendons la patrie, avant de rendre les devoirs aux morts. » Au fiége de Szigeth, une femme donna un exemple mémorable; fon mari, pour la fouftraire aux outrages, voulait la tuer avant d'aller combattre, mais elle : « Attends, cher époux, qu'au moins la perte de ma vie foit nuifible à nos adverfaires. » Elle dit, prend un habit d'homme, des armes, un cheval, court au champ de carnage, fe mêle aux officiers, combat avec bravoure, jonche la terre de Turcs, anime fon mari par fa préfence & fes exploits, jufqu'au moment où elle tombe épuifée fur le corps de celui-ci déjà terraffé.

A côté des Rhodiennes, dont nous avons loué le courage, en ce chapitre même, plaçons les Maltaifes; là encore ce font des femmes qui, quarante ans plus tard, combattent ſous la direction du même ordre de chevalerie. On vit, en effet, l'an 1565, au ſiége de la Cité-Valette, capitale de l'île de Malte, par Soliman, ſous le grand maître Jean de la Valette-Pariſot, on vit les femmes, non-ſeulement préparer les projectiles incendiaires, mais monter elles-mêmes ſur les remparts & accabler les muſulmans de pierres & de traits. Certes, à les voir ainſi animées, plus d'un Turc dut ſe promettre une cruelle vengeance, ſi la place cédait à un aſſaut ou bien acceptait une capitulation; mais il n'en fut rien, & l'île de Malte conſerva fièrement, pendant plus de deux ſiècles encore, le drapeau de l'ordre puiſſant auquel Charles-Quint l'avait cédé en 1530, alors que les chevaliers avaient dû abandonner Rhodes devant les attaques du même Soliman (1).

Citons comme appartenant à ce temps la reine douairière d'Ecoſſe, Marie de Guiſe, mère de Marie Stuart, laquelle dirige les affaires de ſon pays durant la minorité de ſa fille. Sœur de

(1) Soliman II, dit Soliman *le Magnifique*, né en 1520, mort en 1566, après ſon échec devant la Cité-Valette, & devant la place même de Szigeth, que les femmes hongroiſes contribuèrent à défendre contre ſes armes, comme nous venons de le dire; on aſſure qu'il ſuccomba à une attaque d'apoplexie cauſée par une violente colère dont la réſiſtance de cette ville fut l'origine. Les ſiéges auxquels coopérèrent les femmes ſont donc les plus graves, & cela doit être, leur coopération même annonçant que la population recourt à ſes moyens exceptionnels, à ſon degré ſuprême de défenſe.

François de Guiſe, elle paraît avoir eu des aptitudes militaires. Au moins la voit-on adreſſer un diſcours à ſes ſoldats avant la bataille d'Edimton : « Eſt-ce ainſi, mes amis, que vous ſecondez les François ? Eſt-ce ainſi que vous leur eſtes exemple de bien faire ? Sus mon Dieu, ſi autre que mes yeux m'euſt dit qu'euſſiez ainſi voulu oublier votre honneur, je luy euſſe donné auſſi peu de foy qu'à une choſe incroyable... Je vous averty que nous aurons la bataille à Edimton dedans deux jours. » La bataille ſe livre, ſous la direction d'André de Montalembert, ſeigneur d'Eſſé ; la victoire demeure aux Français & aux Ecoſſais (1548). Marie de Guiſe accourt viſiter les vainqueurs. « Je ne ſaurois bonnement dire », raconte un témoin de ces faits (1), « qui apporta plus de contentement aux gens de guerre, ou le jugement de la fortune qui leur avoit donné le deſſus de la bataille, & l'avantage des autres combats particuliers : ou qu'en faveur de leurs œuvres, la Reyne leur daignaſt faire cet honneur de les viſiter, de parler familièrement avec tous, leur toucher les mains, les recommander à leur capitaine, les honorer de toutes ſortes de louange, & pour le faire court, eſtre auſſi ſongneuſe à ne rien oublier de leur méritée récompenſe, que

(1) Jean de Beaugué, *Hiſtoire de la guerre d'Eſcoſſe*. Paris, 1556, réimprimée à Bordeaux en 1862, avec une préface de M. de Montalembert, livre II, chap. 1er.

s'ils euſſent tous été prince, ou grans ſeigneurs. » Voilà certes une manière d'agir qui devait, en flattant le ſoldat, produire de bons effets; on peut la recommander. A cette manière d'agir, Marie de Guiſe joint encore ces paroles : « J'eſpère que ne me defaudra quelque jour le moyen de vous faire conoitre que plus grans ſont les ſalaires des victoires, que dangereux les inconveniens des hazars de la guerre. »

Je m'aperçois que j'ai oublié le paſſage où, dans ſes *Commentaires* (1), l'un de mes auteurs favoris, Blaiſe de Montluc (2), *fait* l'éloge des dames de Sienne, voulant, aſſure-t-il, « immortaliſer leur nom tant que ſon livre vivra »; je n'oſe dire qu'il le *ſurfait,* quoiqu'un peu gaſcon. Toutefois, d'après ſon témoignage, comme gouverneur de la place & témoin oculaire, il y eut en 1554, durant la défenſe célèbre & prolongée de cette ville, une organiſation militaire des femmes. Elles formaient trois bandes : — la bande commandée par la ſignora *Forteguerra* (on croirait à un nom de circonſtance), vètue de violet, avec un « accouſtrement en façon d'une

(1) Livre III.

(2) Je me ſuis occupé deux fois de ce guerrier, comme de Vauban : en 1848, dans une brochure ſpéciale intitulée : *Biographie & Maximes de Blaiſe de Montluc;* en 1861, au tome III de mes *Portraits militaires.* Un travail intéreſſant ſerait la publication d'une édition *très-annotée* de ſes *Commentaires*, offrant pour ainſi dire une Encyclopédie hiſtorique françaiſe des années qu'ils embraſſent.

nymphe, court & monſtrant le brodequin » ; — la bande de la ſignora *Picollomini* qui portait du ſatin couleur incarnat; — la bande aux ordres de la ſignora *Livia Fauſta,* habillée de blanc & ſuivant une enſeigne blanche. On voit par ces détails que, même en face de l'ennemi, les dames n'oublient pas la toilette & le bon air qu'elle donne. Chacune de ces bandes comptait mille guerrières nobles ou bourgeoiſes, armées de piques & chargées de pelles, hottes & faſcines, ce qui indique qu'on les employa ſurtout aux travaux de fortification dans le but d'améliorer & d'entretenir les remparts en bon état; en y travaillant elles chantaient un hymne compoſé en l'honneur de la France. Montluc rapporte également la conduite louable d'une jeune fille de Sienne pour cacher un accident arrivé à ſon frère, & l'empêchant de faire ſon tour de garde comme cela était ordonné, ſous menace d'une forte punition ; elle s'affubla du morion (caſque), des chauſſes & du collet (juſtaucorps) de buffle du délinquant, ſaiſit ſa hallebarde (1), s'en fut au corps de garde, répondit à l'appel au nom de ſon frère, & remplit l'office de ſentinelle ; reconnue au jour, elle fut reconduite avec honneur & montrée à Montluc, mais on ignore ſon nom.

(1) Montluc dit : « avec la hallebarde ſur le col », c'eſt-à-dire poſée ſur l'épaule droite, contre le col.

Terminons ce chapitre (1) en rappelant qu'après la défaite ſubie à Gravelines par le maréchal de Termes à la fin du règne de Henri II (1558), les femmes des villages & bourgades de la Flandre s'acharnèrent contre les débris de l'armée française, les pourſuivirent à coups de bâtons & de perches, ſeules armes dont elles diſpoſaſſent, & pouſſèrent la furie juſqu'à déchirer de pauvres fuyards « avec des ayguilles & avec leurs ongles, comme les Bacchantes firent Orphée », nous apprend Strada (2). C'eſt aſſurément une triſte coopération des femmes à la guerre, &, ſi nous la citons, c'eſt ſimple acquit de conſcience.

Au reſte, *furies* comme c'eſt ici le cas, ou guerrières par dévouement comme dans la Floride & en Hongrie, ou héroïnes par amour de la gloire comme les Eſpagnoles au Mexique, ou combattantes pour ſauver leur honneur comme à Rhodes, les femmes du XVIe ſiècle ne connaiſſaient pas le plaiſant chapitre de Rabelais où cet auteur montre comment on peut ſe préſerver des projectiles par la vertu de certaines herbes &, grâce à ce moyen médicinal, renouvelé des anciens, « non eſtre bleſſé ni touché par coups de canon ».

(1) Voir, ſur les *Siennoises*, CANTU, *H. des Italiens*, trad. Lacombe, t. VIII, p. 39.

(2) *Hiſtoire de la guerre de Flandre*, par FAMIANUS STRADA, liv. Ier, traduction Du Ryer, Paris, 1665, t. I, p. 30.

Les femmes de Chypre qui, prisonnières & conduites à Sélim II, se firent sauter sur le bâtiment qui les transportaient, ou celles qui l'année suivante (1571) coururent sur la brèche d'une forteresse de cette île & s'y défendirent en désespérées, connaissaient encore moins ce secret. Au sujet de ces femmes & de celles de Hongrie & de Rhodes, rappelons un passage de Thomas : « Tout se réunissoit pour inspirer aux femmes de ces pays un grand courage : d'abord l'esprit général des siècles précédents ; la terreur même qu'inspiroient les Turcs ; l'effroi beaucoup plus vif pour tout ce qui est inconnu ; la différence des habillements, qui agit plus qu'on ne croit sur l'imagination du peuple ; la différence des religions, d'où naissoit une espèce d'horreur mise au nombre des devoirs ; enfin, la prodigieuse différence des mœurs, & surtout l'esclavage des femmes qui, en Orient, regardé comme une simple institution politique & civile, ne présentoit aux femmes de l'Europe qui en étoient menacées, que des idées odieuses de servitude & de maître ; l'honneur gémissant ; la beauté soumise à des barbares & la double tyrannie de l'amour & de l'orgueil. De tous ces sentiments devoit naître dans les femmes un courage intrépide pour se défendre, & quelquefois même un courage de désespoir. Ce courage étoit augmenté par l'idée de la religion si puissante, & qui offre toujours des efpérances éternelles pour des facrifices d'un moment (1). »

En dehors de ces confidérations, l'extrême Orient apportera fon contingent à l'*Hiftoire militaire des Femmes*. Il s'agit de la fultane *Hamyda*, époufe de l'empereur Houmâyoûn & mère du célèbre Akbar, le plus grand fouverain tartare de l'Hindouftan. Alors qu'Houmâyoûn fe trouvait dans la détreffe (car fon fils dut reconquérir une grande partie de fes états révoltés) & obligé de fuir au loin, fans troupes & fans argent (1542), elle l'accompagna partout, quoique fa fituation de fanté exigeât beaucoup de ménagements, furtout pour une jeune femme de quinze ans à peine, fur le point de devenir mère, & fut de cette marche pénible où la caravane impériale refta vingt-fept heures fans eau & perdit tant de monde que fept perfonnes feulement accompagnaient les fouverains mogols à leur entrée dans Amarcote : cette marche avait lieu en temps de guerre, & l'ennemi pouvait furgir inopinément pour ajouter aux mifères des fugitifs.

(1) *Effai fur le caractère, les mœurs & l'efprit des femmes dans les différents fiècles*, par M. Thomas, de l'Académie françoife, Paris, chez Moutard, 1772, p. 73 & 74. Thomas eft l'auteur d'*Eloges* fucceffivement couronnés & très-connus; il ne faut pas s'en tenir fur lui au mot de Voltaire qui appelait plaifamment du *gali-Thomas* ce qu'il voulait défigner par l'épithète de *gali*matias.

CHAPITRE VIII

LUTTES RELIGIEUSES

(1562 à 1610)

—

Les femmes apparaiſſent dans les combats & prennent part aux choſes de la guerre quand les luttes ſont longues, acharnées, pouſſées à la dernière extrémité ; cela réſulte, ſe trouve conſtaté déjà par les premiers chapitres de notre travail ; ne nous étonnons donc pas d'en voir un grand nombre ſe mêler aux guerres de religion, aux guerres civiles, qui ont aſſombri l'horizon de la France dans la ſeconde moitié du xvie ſiècle. En outre, une guerre inteſtine ſe paſſe ſur place, preſque au foyer domeſtique ; les femmes ſont là préſentes, elles s'indignent de le voir attaquer, l'inſtinct maternel s'en mêle, elles ne laiſſeront pas frapper leurs enfants ſans intervenir ; après leurs enfants elles voudront défendre leurs maris. Joignez, quand la guerre civile a pour motif la religion, les paffions de la femme qui s'intéreffe plus aux chofes religieufes que l'homme, & vous comprendrez que les femmes guerrières doivent abonder dans la période qui fait l'objet de ce chapitre.

Nous ne reftreindrons pas cette période aux feules guerres religieufes de France, nous y comprendrons également les guerres de Flandre qui s'y rattachent par plus d'un point, & font une guerre d'indépendance ; ce que nous verrons du rôle de la femme dans les guerres civiles peut s'appliquer en effet aux luttes qui ont pour but la délivrance d'un pays, car on y rencontre le même acharnement & une énergie fuprême mieux juftifiée.

En 1562, Catherine de Médicis mène le roi Charles IX au fiége de Rouen « où, fans apprehender les coups de canon, que l'on tiroit de la ville, elle agiffoit dans le camp avec un courage viril; & par des langages qui tefmoignoient fa grande conftance, elle animoit à bien faire, & les foldats, & les capitaines ». C'eft Davila qui, au livre IIIe de fon *Hiftoire des guerres civiles de France,* lui rend ce témoignage. Le même auteur nous montre enfuite la même reine, au fiége de Bourges, entrepris après la foumiffion de Rouen, encourageant les foldats par fa préfence, ordonnant la continuation de la batterie auſſitôt que le roi de Navarre (père de Henri IV) eut été mortellement bleſſé, & faiſant tirer juſques à deux mille coups de canon, ce qui amena une brèche ſuffiſante. Même en tenant compte d'une certaine diſpoſition à la flatterie envers ſa protectrice chez l'hiſtorien précité, il reſſort de ces deux faits que Catherine de Médicis ne craignait pas de ſe mêler aux actions de guerre, autant qu'une femme peut le faire.

Cette même année 1562 nous offre un ſingulier rôle, tenu par un ſeigneur, non durant un ſiége, il eſt vrai, mais pendant les grands préparatifs d'une défenſe : il s'agit d'Avignon ſe cuiraſſant contre les proteſtants & d'un *conſolateur des dames* aſſez galant pour quitter fréquemment les travaux & aller tranquilliſer les âmes timides appartenant au beau ſexe. Nous tairons ſon nom (1).

Un fait ſe préſente dès le début de 1563, celui de la défenſe du château de Saint-Maurice-aux-Riches-Hommes (2), ſitué dans le Sénonais & appartenant à un ſeigneur proteſtant, M. d'Eſter-

(1) Voyez le *Diſcours des guerres de la comté de Venayſcin & de la Provence*; enſemble quelques incidents, par le ſeigneur Loys de Perussiis, eſcuyer de Coumons, ſubiect & uaſſal de Sa Saincteté; imprimé en Avignon, par Pierre Roux, 1563.

(2) Le bourg de ce nom eſt diſtant de Sens de 24 kilomètres, & appartient au canton de Sergine, dans l'Yonne.

nay. Comme une bande menaçait cette petite forteresse où ne résidaient alors que des dames, l'une d'elles prit le commandement, arma la domesticité, stimula son zèle, lui donna l'exemple, & combattant de sa personne, dirigeant le tir des petites pièces d'artillerie placées sur les remparts, réussit à écarter les pillards (1).

Les femmes de ce temps déployaient de l'énergie ; un passage de l'*Histoire de Charles IX*, par Papyre Masson, en fera foi & préparera le lecteur aux récits qui vont suivre, car les années de lutte religieuse sont fécondes en traits de courage & d'héroïsme. « Après les premières guerres civiles, le roi visita toutes les provinces de son royaume. Le sieur de Bournazean, l'un des puissans du pays de Guyenne, avoit esté condamné à mort pour avoir fait assassiner le sieur de la Tour; & comme ses parens employoient tout le crédit de la cour pour luy faire obtenir abolition du roy, la veuve lui demandant justice, il la pria de vouloir pardonner au coupable & luy offrit telle réparation qu'il luy plairoit sur ses biens : « Je n'en feray rien, luy dit-elle ; mais puisque la faveur l'emporte sur les loix, la justice, accordez-moi seulement la grâce de cet enfant (luy mon-

(1) *Histoire des guerres du calvinisme & de la Ligue dans l'Auxerrois, le Sénonais & les autres contrées qui forment aujourd'hui le département de l'Yonne*, par M. Challe. Auxerre, 1863, t. I, p. 80.

trant ſon fils encore fort jeune) que j'eléveray dans la paſſion de venger le ſang de ſon pere dans celuy de ſon aſſaſſin. Auſſi avez-vous fait une injuſtice de le tirer des priſons. » J'ai voulu, ajoute Papyre Maſſon, « remarquer cela pour laiſſer une mémoire immortelle de la générosité romaine de cette femme forte & courageuſe. »

En 1568, alors que l'armée proteſtante aſſiégeait Cravant, petite ville à 20 kilomètres d'Auxerre, appartenant au chapitre de la cathédrale, où les royaliſtes avaient détaché des compagnies (1) pour tenir garniſon, en raiſon du pont qu'elle offrait ſur l'Yonne & qui raccourciſſait d'une journée le trajet de Tonnerre à la Loire; en ce ſiége de Cravant, diſons-nous, il ſe donna pluſieurs aſſauts vigoureuſement repouſſés; les aſſiégeants trouvèrent au nombre des morts qui avaient payé de leur vie l'inſuccès de ces aſſauts, le capitaine Muſnier & ſa femme, laquelle le ſuivait à la guerre & ſur les champs de combat, partageant à la fois ſes périls & ſes fatigues (2).

L'année ſuivante la châtelaine de Ramegon défendait ſon manoir contre les catholiques; la Popelinière nous raconte l'action de guerre

(1) Commandées par le capitaine Foiſſy.

(2) CHALLE, *Hiſt. des guerres du calviniſme*, ouvrage déjà cité, t. I, p. 176

dont elle fut l'un des principaux acteurs, reftant ainfi dans fon rôle de ménagère, chargée de conferver les biens acquis & d'en faire une adminiftration modérée & fage.

En 1570 comme en 1567, la comteffe de Tournon (1), parente de Catherine de Médicis, défendit avec énergie la ville de Tournon, affiégée deux fois par les proteftants, & chaque fois leur en fit lever le fiége.

Une feconde Amazone fe fignale dans les guerres religieufes de France en l'année 1570; d'Aubigné nous rapporte d'elle un acte intrépide en fon *Hiftoire univerfelle*. Anne Semé avait quinze ans lors du fiége de Saint-Jean-d'Angely; la maifon de fon père était adoffée au château & oppofait une vigoureufe réfiftance. Dans le quartier où l'auteur de fes jours venait de l'envoyer pour la fouftraire au péril, elle entend dire qu'il eft tué. Pour s'affurer de ce qu'il en eft, elle court à fon habitation, &, pouffée par fon amour filial, y pénètre. A peine entrée, elle aperçoit les affiégeants qui ont enfoncé une porte, court dans une chambre du haut & s'y barricade. Un chef la pourfuit; pour lui échapper elle fe jette par une fenêtre peu élevée, ne fe fait aucun mal & prend la fuite; l'officier faute également, court après elle, va l'atteindre, mais elle crie à fes

(1) Claudine de la Tour, fille du premier vicomte de Turenne.

concitoyens : « *Tirez, amis, tuez-nous tous deux.* » On n'ofe lui obéir. Elle aperçoit une mare profonde & s'y plonge. Alors on ajufte l'officier, on le renverfe, on court à elle &, après bien des peines, on parvient à la rappeler à la vie.

A cette même date de 1570 nous rencontrons un des prédéceffeurs, comme préfence d'efprit & courage, du lieutenant de marine Biffon (1), dans la perfonne d'une jeune fille chrétienne & prifonnière des Turcs, qui fit fauter la galère où elle fe trouvait pour fauver fon honneur (2). Cet acte produifit alors un effet immenfe, & l'impreffion générale fe traduit dans les récits de Claude Haton, de d'Aubigné, de l'hiftorien de Thou. Citons le récit du premier de ces auteurs. Il s'agit du Grand Turc Sélim II qui, n'ayant pu obtenir des Vénitiens la ceffion volontaire de l'île de Chypre, leur déclare la guerre, met le fiége devant Nicofie & s'en rend maître après une vigoureufe réfiftance; les chrétiens font réduits en fervitude & conduits vers le fultan à la date du 6 décembre 1570. « Entre les captifs &

(1) En 1827. Voyez notre mémoire fur les *Imitations militaires*, 1866, § 34, intitulé *Van Speik*.

(2) *Mém. de Claude Haton*, publiés par M. Félix Bourquelot, dans la *Collection des documents inédits pour l'Hiftoire de France*, t. II, 1857, p. 609 ; — *Hift. univerfelle*, par d'Aubigné, V, 27 ; *Hift* par de Thou, XLIX.

prisonniers chrestiens qu'on menoit audit Sélim, raconte Claude Haton, y estoit une gentille femme damoiselle & fort chrestienne, laquelle, dolente de la perte advenue sur les chrestiens du pays cypriot & de Nicosie, pensant en elle le deshonneur qu'elle pourroit recevoir en sa pudicité, jugea la mort lui estre plus honorable & aux aultres chrestiens qu'on menoit prisonniers avec elle que de souffrir qu'elle & aultres fussent forcés & viollés par ces tyrans ennemys de la religion de Jésus-Christ & de ceux qui en font profession. Elle advisa donc de mettre le feu ès pouldres à canon qui estoient dedans la galère assez proches d'elle, ce qu'elle fit, & fut laditte gallère bruslée, ensemble tous les biens, butins & corps humains qui estoient dedans ; lesquels avec le feu furent submergez en la mer & n'en reschappa pour tout que le pilote ou nocher, le secrétaire de la galère (1) & quelque bien peu d'aultres, lesquels se saulvèrent à nage & qui ont raconté le faict. »

Un an après, pendant que Frédéric d'Albe assiégeait Mons, on trouva dans le camp espagnol un grand nombre de femmes de Mons qui s'y étaient introduites sous le prétexte de vendre des légumes. Ordre fut donné de revenir à une

(1) Le second du lieutenant Bisson fut projeté sur la côte & se sauva également.

ancienne coutume (1), de couper à ces eſpions la jupe au-deſſus du genou, de les promener ainſi au milieu des tentes & expoſées à la riſée des ſoldats, puis de les renvoyer avec cette honte pour tout châtiment. Remarquons cette punition qui a pour but d'arrêter les femmes dans leur propenſion à exercer à la guerre un métier dont elles eſpèrent ſe tirer mieux que les hommes, grâce à leur faibleſſe & à la croyance habituelle qu'elles ſe mêlent peu aux choſes militaires.

La même guerre de Flandre nous montre parmi les défenſeurs de Haarlem, en 1572, une compagnie de femmes. Organiſées militairement, & armées d'une pique, d'une épée & d'un piſtolet, ces Amazones rivaliſaient de zèle avec les hommes dans le travail deſtiné à l'amélioration des fortifications de la place. Elles prenaient également part aux factions ſur les remparts & même aux ſorties à l'extérieur contre les aſſiégeants. Une femme âgée de cinquante ans, nommée Kennava, les commandait & ſe diſtingua à leur tête durant ce ſiége remarquable par l'opiniâtreté des habitants.

En cette même année 1572, & durant la même guerre, les Eſpagnols, enfermés dans le château de Weert, firent à leur tour une belle défenſe; dans l'un des aſſauts qu'ils ſubirent de

(1) C'était celle des Ammonites. Reportez-vous à notre chap. II.

la part des confédérés, les femmes de leurs ſoldats coopérèrent à la lutte « avec la même hardieſſe que leurs maris (1) ».

Ces deux défenſes nous rappellent celle de la Rochelle qui appartient aux guerres religieuſes de la France, mais il nous faut parler auparavant des villes de Sommière & de Sancerre.

Les femmes jouèrent un rôle dans le ſiége de la première, dirigé en 1573 par le maréchal d'Amville avec tant de lenteur en raiſon de ſa mauvaiſe poſition vis-à-vis de la cour, & dans lequel cependant il perdit beaucoup de monde. Elles en avaient déjà joué un dans le ſiége de Sancerre (2), place ſurpriſe par les proteſtants & qui réſiſta enſuite pendant huit mois à Claude de La Châtre, gouverneur catholique du Berry, qui avait amené devant elle des troupes royales : en cette dernière cité elles ſe diſtinguèrent par leur énergie à ſupporter elles-mêmes une des famines les plus cruelles que ſignale l'hiſtoire & ſurtout à chercher pour les autres des adouciſſements à cette longue miſère. L'auteur d'un *diſcours* ſur cette famine fameuſe, Jean de Léry, paſteur proteſtant & voyageur connu, dit à ce ſujet : « Madame Portier, vefve de Milleſens, la femme du

(1) *Commentaires de Bernardino de Mendoça, ſur les événements de la guerre des Pays-Bas* (1567-1577), liv. VII, chap. IV.

(2) Durant ce ſiége on ſonge à l'emploi des pigeons afin d'obtenir des nouvelles de l'extérieur.

capitaine Martinat l'aiſné, Françoiſe d'Orival, veſve de Jean Bourgoing, la femme de Jean Guichard, la bonne femme l'Eſveillée, & quelques autres dames honorables de Sancerre, méritent bien que je faſſe ici mention d'elles; car ayans exercé grande charité au milieu de cette extrême famine, & n'ayans eſpargné le laict de leurs vaches pendant qu'elles en ont eu, leurs biens & moyens qui leur reſtoyent, à grands ni à petits, elles ſont autant dignes de louanges que les autres avares, qui ne tenoyent compte des pauvres en ceſte ſi grande neceſſité, ſont à condamner. »

Au ſiége de la Rochelle, par le duc d'Anjou, les femmes de la ville aidèrent les habitants dans leur défenſe. A l'aſſaut donné par le colonel Bazourdan ſur un côté où le rempart était inachevé, elles lancèrent contre les catholiques des pierres, des artifices, elles les frappèrent avec des bâtons, pluſieurs même deſcendirent dans le foſſé ; bref, grâce à elles principalement, la tentative fut repouſſée. Elles rendirent enſuite des ſervices dans la lutte entrepriſe contre la terraſſe que les aſſiégeants élevaient en face du baſtion de l'Évangile, & finalement en brûlant pendant une ſortie un pont & tous les ouvrages élevés de ce côté par l'aſſaillant.

Rappelons, comme Carnot dans ſon traité *de la Défenſe des places fortes,* que Louis de Saint-

Lary Bellegarde, l'un des favoris de Henri III, attaquant, en 1574, la petite ville de Livron, dans le Dauphiné, & ayant en vain donné trois affauts, eut le chagrin de voir les femmes de cette cité venir filer leur quenouille fur la brèche pour le narguer, (1) : alors exafpéré, il donna un nouvel affaut & fut encore repouffé, cette fois par les femmes feules, ce qui l'obligea à lever le fiége. Un pareil infuccès rendit Bellegarde odieux à la cour.

En cette année 1574, une lettre du roi parle d'une dame (2) très-difpofée à réfifter aux troupes des Réformés & à conferver fes domaines dans leur intégrité. « Ce ma efté plaifir, écrit Charles IX, d'entendre la continuation de la bonne & obeyffante volonté de la dame d'Aubeterre & qu'elle foit réfolue de conferver cette place foubs mon authorité, ainfin que d'abondant vous dites le capitaine qui y a efté mis par le

(1) Suivant une autre verfion, *une feule femme* aurait agi ainfi par bravade, & pour juftifier ce mot jeté aux affiégeants par les défenfeurs : « Croyez-vous nous furprendre dans nos lits comme vous avez fait de l'amiral... Vous n'êtes pas feulement capables de tenir tête à nos femmes. » C'eft la verfion adoptée par Secouffe dans fon *Mémoire hiftorique & critique fur les principales circonftances de la vie de Roger de Saint-Lary de Bellegarde*, maréchal de France, 1764.

(2) On employait l'expreffion *demoifelle* pour défigner les femmes n'appartenant pas à la nobleffe. Voici à ce fujet un paffage irrécufable, qui fe rapporte au fiége de Lufignan, en 1574. « Sur ce les affiegez firent demander à monfieur de Môpenfier un fauf conduit &

comte de Gayaſſe vous l'a teſmoigné; dont je baille advis au ſeigneur de Ruffec & luy mande faire tout ce qu'il pourra pour y entretenir le dit capitaine & ſes ſoldats; ou bien, s'il jugeoit que ceux qui y ſont ne fuſſent ſuffiſants, qu'il y en commiſt d'aultres (1). »

La haute Auvergne fournit vers cette époque une héroïne. Madeleine de Saint-Nectaire, épouſe du comte de Miramont, veuve de bonne heure, ſe mit à la tête des vaſſaux de ſon mari & de ſon père, les uns diſent de ſes prétendants, dont le nombre était grand quoiqu'elle refuſât toujours de ſe remarier; accompagnée d'une ſoixantaine de gentilshommes, elle battit ſouvent François de Roſière, ſeigneur de Montal, lieutenant de roi dans cette contrée. En 1574 ce dernier vint ravager les environs du château de Miramont : notre Amazone ſe porta à ſa rencontre, & dès qu'elle le vit, engagea l'action au cri de « Faites

permiſſion de faire ſortir de Luſigne quelques damoiſelles, qui ſous ſa bône volonté deſiroient de ſe retirer en toute ſeureté en leurs maiſons. Et ſingulierement le prierent de le conſentir pour quelques damoiſelles enceintes. Ce que monſieur de Montpenſier ne leur voulut point accorder, qui penſa que les laiſſans là dedans enfermées avec leurs enfans combattre avec la famine, leurs maris ſe rendroient pluſtoſt que ſi on leur permettoit faire ſortir à leur volonté les perſonnes qui leur eſtoient inutiles. » La vraye & entiere hiſtoire des trovbles & guerres ciuiles aduenues, de noſtre temps, par M. Iean Le Frère de Laual. Paris, chez Guillaume La Noue, 1584, tome II, feuillet 770 au verſo.

(1) Lettre de Charles IX au ſeigneur de Bourdeille (André, frère de Brantôme), 15 mars 1574.

comme moi » & en chargeant elle-même l'ennemi. Après une vive efcarmouche, le château de Miramont fe trouve invefti. Mme de Miramont court chercher du fecours, obtient à Turenne quatre compagnies d'arquebufiers, troupe alors affez rare, & réfout de jeter cinquante de ces tireurs dans la fortereffe. Comme Montal accourt, elle fe précipite fur lui malgré le faible effectif de fes troupes, & le met en déroute ; fon adverfaire reçoit même dans la lutte une bleffure mortelle. Plus tard cette guerrière émérite, qui appartenait à la religion proteftante, foutint contre la Ligue le parti du roi.

D'Aubigné s'exprime ainfi fur le compte des foixante gentilshommes qui l'accompagnaient dès le début de cette lutte : « La dame de Miraumont avoit dreffé une compagnie de foixante gentilshommes : qui fuivoient le drappeau de l'amour & le fien enfemble, prefque tous bruflans pour elle, fans que jamais aucun fe foit peu vanter d'une careffe deshonnefte..... Quelquefois nous reprochions par jeu aux gentilshommes de ce païs qu'ils avoient efté foldats à la dame de Miraumont, & eux que nous l'avons pas efté (1). »

Pierre de l'Eftoile, auteur du *Journal de Henri III,* nous rappelle que la nouvelle de la

(1) *Hiftoire univerfelle*, in-folio, 1618, t. II, liv. II, chap. XIII, p 164.

prife de Saint-Lô arriva dans Paris le dimanche 13 juin de cette même année 1574, qui nous fournit de la forte plufieurs citations. L'affaut avait eu lieu le 10 juin & un affez grand nombre d'affaillants l'avaient payé de leur vie, ce que la durée feule de cette opération, *trois groffes heures,* explique furabondamment; auffi ne trouvant pas la mort du capitaine Colombière, qui commandait la place, & celle de fon fils une affez grande expiation, les vainqueurs firent-ils une exécution fans merci : « *tout fut mis au fil de l'efpée, jufqu'aux femmes,* qu'on difoit durant le fiège & audit affaut *avoir fait merveille de bien fecourir leurs hommes.* »

Nous ne fommes pas embarraffé pour citer encore des guerrières diftinguées durant cette période.

En 1576 la femme de Mondragone, gouverneur du château de Gand, défendit cette place contre les troupes des États & remplaça fon mari avec une vigueur & une diftinction peu communes.

La même année, les femmes de Wich fe trouvèrent mêlées à une action de guerre, mais malgré elles; les Efpagnols, afin de reprendre Maeftricht, les mirent devant eux expofées au canon, afin de franchir le pont qui conduifait à la ville, & de la forte atteignirent les portes fans grand dommage, tant les habitants de Maeftricht craignirent de tirer ſur leurs parentes ou ſur leurs amies.

Trois ans plus tard (1579), les femmes de Maeſtricht contribuèrent à leur tour à la défenſe de leur cité; formées en trois compagnies, elles s'occupèrent ſoit aux contre-mines, ſoit au ſervice de garde ſur les fortifications, & cela ſans compter le grand nombre d'entre elles qui ſe mirent à travailler de bonne volonté à la réparation des remparts.

C'eſt, on le voit, preſque toujours dans la défenſe des villes que les femmes ſe diſtinguent & font preuve de courage; nous avons relevé ce fait en commençant le préſent chapitre, dont toutes les pages corroborent notre dire, & ne voulons pas inſiſter; continuons donc la ſérie des actions ſemblables que nous offrent les luttes religieuſes ou d'indépendance de cette période.

Nous rencontrons d'abord la princeſſe d'Epinoy (1) & la voyons, pendant que ſon mari aſſiége Saint-Guillain, remplir au ſiége de Tournai (1581), avec une grande activité, les fonctions de gouverneur; partout elle exhorte, ſupplie, menace, donne l'exemple. Malgré ſes efforts, une muraille eſt abattue, la brèche devient praticable. Loin de ſe décourager, notre Amazone ſe prépare à une défenſe énergique pour repouſſer

(1) Née Marie de Lalain.

l'affaut & y parvient par un combat des plus rudes & très-fanglant; durant l'action elle fe jetait au milieu du danger, criant aux fiens : « Femme de votre gouverneur, je marche à votre tête, j'affronte les périls & la mort pour le fervice & la gloire de la patrie; imitez mon exemple & promettons tous d'abandonner la vie plutôt que notre pofte d'honneur. »

Une feconde fois, cette héroïne (peu de femmes ont mieux mérité ce titre) défendit auffi vigoureufement la brèche, mais, bleffée au bras, ayant perdu beaucoup de monde, privée d'approvifionnements fuffifants, elle fut bientôt obligée de fe rendre; elle obtint la capitulation la plus honorable & fut traitée par les Efpagnols avec une haute diftinction, due affurément à fon courage autant qu'à fon rang. On convenait du refte affez, à cette époque, que les femmes ne devaient pas être foumifes au payement d'une rançon, mais cela ne s'entendait pas fans doute de celles prifes les armes à la main. Citons à ce fujet un paffage explicite. « Par la lettre que monfieur de Montigny ma efcripte, il dict que il fera renvoyer toutes les femmes de Courtray & que d'icy en avant il ne fe prendra aulcune femme & que le comte de Mansfeld le défire, dit auffy que c'eft nous qui avons commencé a prendre les femmes comme madame de Glajon & madame de Nivelles. Je luy mande que je maproche uers eulx & que eſtant là nous reſouldrons ſur le poinct *& me ſemble que les femmes doibvent eſtre exemptes de rançon* (1). »

En 1582 les *Harlus,* brigands d'une eſpèce particulière, s'emparent d'un faubourg de Lille; c'eſt une femme, *Jeanne Maillote,* qui les chaſſe aidée des femmes de ſon quartier & auſſi de la confrérie des archers de Saint-Sébaſtien.

A la princeſſe d'Epinoy la France peut oppoſer la ducheſſe d'Epernon, née Marguerite de Foix. Conduite en 1588 à la porte du château d'Angoulême, défendu par ſon mari, ſommée de l'engager à ſe rendre & menacée ſi elle ne le faiſait d'un ſort cruel, elle éleva la voix & l'exhorta à ſe défendre vigoureuſement, ſans s'inquiéter d'elle. « Le devoir & l'honneur avant tout », telle fut ſa dernière recommandation. Son énergie toucha l'adverſaire, qui la laiſſa libre.

En continuant à ſuivre l'ordre chronologique, nous devons citer une femme parmi les défenſeurs de la ville de Bliembecque, qui ſe rendit en 1589 aux armes du duc de Parme. « On dit que durant ce ſiége, rapporte Strada (2), comme on dépouilloit quelques ſoldats de la garniſon qui avoient eſté tuez, on trouva une femme veſtue

(1) *Correſpondance de François de la Noue,* publiée par M. Kervyn de Volkaersbeke, Gand, 1854, p. 178.

(2) *Hiſtoire de la guerre de Flandre,* par Famianus Strada, 2e décade, livre X, traduction Du Ryer, Paris, 1665, t. II, p. 817.

en homme, & morte de plusieurs blessures, au grand estonnement de ceux qui avoient été tesmoins de son courage & de sa hardiesse, dont elle portoit les marques sur son visage pleyn de cicatrices; ayant vescu de sorte que ce ne fut qu'après sa mort, qu'on put sçavoir qu'elle estoit femme. »

On croit généralement qu'aucune femme n'a su résister au roi de France Henri IV; rappelons à ce sujet la duchesse de Montpensier, la première qui ait figuré dans nos guerres civiles, Catherine Marie de Lorraine, sœur de François de Guise. Elle prit, en effet, une part considérable à la défense de Paris contre le Béarnais, & fut consternée à la nouvelle que cette cité lui ouvrait ses portes (1594). Mais ce n'est pas une femme guerrière, & sa conduite haineuse envers Henri III, sa joie du forfait de Jacques Clément, ne cadrent guère avec la générosité & les vertus militaires.

Je préfère, relativement aux guerres soutenues par Henri le Grand, rappeler le nom d'une véritable héroïne, Constance de Cézeli, femme de Barri de Saint-Aunez, gouverneur de Leucate. Son mari venait d'être fait prisonnier par les Espagnols, quand ceux-ci, joints aux ligueurs, vinrent assiéger Leucate; ayant le gouverneur entre leurs mains, ils espéraient que la forteresse se rendrait. C'était compter sans la dame de Barri.

Elle affembla la garnifon, fit appel aux habitants, faifit une pique, fe mit à la tête des affiégés, repouffa vigoureufement les affaillants. Ce fuccès lui coûta cher. « Rendez-vous, lui fit dire l'adverfaire, ou nous pendons votre mari. » Emue, mais confervant fa force d'âme : « J'ai offert & j'offre encore tous mes biens, qui font confidérables, pour ma rançon, mais je ne rachèterai pas par une lâcheté la vie d'un époux qui aurait honte d'en jouir à ce prix. » Une auffi belle réponfe électrifa les défenfeurs, & une feconde fois les efforts des Efpagnols échouèrent. Avant de fe retirer, l'ennemi tint parole; il mit Barri à mort. A cette vue la garnifon entière demanda le fupplice du feigneur de Loupiau (1), ligueur prifonnier du parti proteftant ; mais Mme de Saint-Aunez s'oppofa généreufement à cette demande, ne voulant pas ufer de repréfailles. Henri IV applaudit à un fi beau caractère (2), & figna pour l'héroïne un brevet qui lui octroyait le gouvernement de Leucate, avec la furvivance de cet emploi pour fon fils.

(1) De Loupine, fuivant un autre auteur.

(2) « Elevée & nourrie dans un état corrompu, Conftance de Cézéli avait eu d'autant plus à combattre, que fon éducation avait probablement été entièrement dirigée à lui infpirer des fentiments pour un époux, qui d'ailleurs ne reffemblent jamais à ceux qu'une mère éprouve pour un fils. » *Confidérations fur l'influence des mœurs dans l'état militaire des nations*, par l'auteur d'*Azémor*. Londres (Paris), 1788, in-8o, p. 64.

Alexandrine de Chateaugay, maîtreſſe de Charles de Valois, comte d'Auvergne, joua un moins beau rôle militaire. Belle, ſéduiſante, fière, habile aux exercices du corps, maniant facilement un cheval & des armes, elle ruina par eſprit de vengeance, avec la compagnie de Vendôme, les villages de Blanzat & de Volvic, qui avaient eu l'imprudence de l'offenſer (1604). On regrette de trouver un pareil acte, commis au nom du prince, qui, bientôt arrêté & condamné pour conſpiration, demeura, il eſt vrai, douze ans à la Baſtille, mais qui, ſous Louis XIII, releva l'honneur de ſon nom par le ſiége de Soiſſons & d'autres opérations militaires, & par une brillante ambaſſade auprès de l'empereur Ferdinand II.

Ce chapitre aura une concluſion naturelle dans l'opinion d'un Tavannes, d'où il réſulte, comme des faits précédents, que le meilleur rôle pour une femme militaire conſiſte à lutter derrière des murailles, & non en champ clos. « Que les femmes facent les femmes, dit notre chroniqueur (1), non les capitaines; ſi la maladie de leurs maris, la minorité de leurs enfants, les contraignent ſe préſenter aux combats, cela eſt tolérable pour une fois ou deux en la néceſſité; *il*

(1) *Mémoires de Gaſpard de Tavannes*, à la date de 1569. Collection Petitot, t. III, p. 139. Ces mémoires ont été rédigés par ſon fils Jean.

leur eſt plus ſceant ſe meſler des affaires en une bonne ville proche des armées, que d'entrer en icelles, où elles ſont injuriées des ennemis & mocquées des amis (1). »

(1) A cette époque appartient le fait d'une femme qui avale courageuſement la coupe empoiſonnée offerte par ſon mari qu'elle veut quitter pour ſe faire prêtreſſe, & qui n'en meure pas, ſoit par l'effet d'une ſanté robuſte, ſoit par la conviction, ſoit par un antidote pris en ſecret : toujours eſt-il que c'eſt là un grand acte de courage. Il s'agit de Mira Baï, poëteſſe indienne dont M. Garcin de Taſſy nous ſignale les hymnes & la carrière dans ſon *Hiſtoire de la littérature hindouſtanie.*

CHAPITRE IX

GUERRE DE TRENTE ANS

—

L'Afrique nous fournit matière à citation à l'époque où commence ce chapitre, & nous avons à entretenir nos lecteurs de la conduite militaire des femmes en Guinée & dans l'Abyssinie.

Au début du XVIIe siècle, une femme du royaume de Congo se signala par son intrépidité. On la nommait Mussasa. Fille d'un chef de tribu, elle prit, à la mort de son père, le commandement des guerriers &, par son habileté dans les luttes à main armée, par ses instincts sanguinaires même, leur inspira une telle confiance qu'ils la suivirent partout. Alors elle tenta les entreprises les plus périlleuses : on la voyait tellement acharnée dans la mêlée qu'elle se retirait la dernière. Vêtue & armée comme un homme, elle voulut que sa fille fût élevée dans les mêmes goûts & parvint à en faire une guerrière. Aussi, quand elle mourut en 1662, après avoir agrandi ſes États, cette fille, appelée Tem-Bam-Dumba, continua-t-elle le même genre de vie, mais en même temps elle ne connut aucun frein, & elle qui déjà s'était révoltée contre ſa mère, devint un monſtre d'immoralité & de cruauté; certes, ce réſultat ſe produit chez des ſauvages, chez des cannibales, néanmoins il montre à quels écarts peut être entraînée une femme qui ſort de la voie tracée à ſon ſexe, lorſqu'un noble caractère ne guide pas ſon âme, lorſque le bénéfice de l'inſtruction n'éclaire pas ſon eſprit.

Le fait emprunté à l'hiſtoire d'Abyſſinie remonte à l'année 1641. A cette date, les Abyſſins, ſecourus par leurs alliés les Portugais, combattaient contre les Turcs, lorſque dans une rencontre ils furent ſurpris & la ſuite de leur armée obligée à une fuite précipitée. Pendant que leur impératrice gagnait une hauteur, la nourrice de cette princeſſe, entourée d'ennemis & ne voulant pas devenir priſonnière, ni voir ſes filles & les femmes qui l'entouraient déshonorées, ſe ſaiſit d'un baril de poudre, y mit le feu & périt avec ſa ſuite par cette vertueuſe détermination.

Mais revenons en Europe.

En 1622, lorſque les proteſtants, guidés par d'Argencourt (1), fortifient la place de Mont-

(1) Voyez, relativement à deux officiers de ce nom vivant à la même époque, mon mémoire ſur *Richelieu ingénieur*, lu le 8 août 1868, à l'Académie des Sciences morales & politiques.

pellier, « les dames les plus qualifiées de la ville y portent la hotte, & y ſeruent au delà de la foibleſſe de leur ſexe & de leur condition, pour de telles fatigues ».

Dès 1625, une femme nous apparaît défendant une cité; il s'agit de la ducheſſe de Rohan & de Caſtres, dont le maréchal de Thémines faiſait le ſiége.

Nous rencontrons enſuite une jeune Italienne, citoyenne de Caſal, dans le Montferrat. Durant la défenſe de cette cité par le maréchal de Toiras, elle prit les armes, accompagna pluſieurs ſorties, tua deux ennemis & en bleſſa pluſieurs. Le maréchal lui accorda pour récompenſe la ſolde de quatre ſoldats &, en outre, une place de chevau-léger dans ſa propre compagnie (1630). Elle ſe nommait Franceſca & comptait vingt ans d'âge. L'hiſtorien de Toiras, Baudier, rapporte qu'elle fut incitée à ſe faire guerrière en voyant les Eſpagnols tirer ſans pitié ſur elle & ſur d'autres femmes pendant qu'elle coupait de l'herbe pour gagner ſa vie; il aſſure qu'elle débuta ſeule, armée d'un mouſquet qu'on lui avait prêté, & ſignale une bleſſure qu'elle reçut au viſage, un jour où elle s'était trop aventurée (1).

Le même écrivain nous ſignale, pendant le

(1) Elle tua l'Allemand qui la bleſſa. Voyez *Hiſtoire du maréchal de Toiras*, par Baudier, édition in-folio, 1644, p. 169, 170; édition in-18, 1666, t. II, p. 147, 148.

ſiége ſoutenu par Toiras dans Saint-Martin-de-Ré, contre les Anglais, ces derniers ramaſſant de force les femmes des ſoldats français & les contraignant à ſe rendre vers le fort; comme là on ne pouvait les recevoir, afin de ne pas augmenter inutilement le nombre des bouches à nourrir, les Anglais finirent par tirer ſur elles & par en tuer un grand nombre. On cite l'une de ces malheureuſes qui, bleſſée mortellement, eut encore le courage d'allaiter ſon enfant. Ce fait eſt antérieur au précédent & date de 1627, mais il ne concerne pas une femme guerrière proprement dite.

La priſe de Hameln, ville forte du Hanovre & clef des places ſituées ſur le Weſer, laquelle action de guerre ſe produiſit en 1633 & vint contribuer à l'illuſtration des armes ſuédoiſes après la mort de Guſtave-Adolphe, nous fournit encore un exemple de la coopération des femmes aux défenſes de ville. Le fils naturel (1) du défunt roi de Suède écrit, en effet, à cette époque au colonel Gaſſion (2) : « Les femmes & les chanoines de Hameln ont été auſſi braves que les officiers & ſoldats impériaux, & la femme du comte de Mérode, avec beaucoup d'autres, y a

(1) Il ſe nommait Guſtave, comptait alors vingt ans & fut acteur eſſentiel dans ce ſuccès.

(2) Jean de Gaſſion, né à Pau, en 1609, une des belles figures militaires de ce temps, depuis maréchal de France.

été faite prifonnière... Le duc de Lunéville a donné à Kniphaufen & à Melander cette troupe de dames, ce dont le landgrave de Heffe a été auffi mortifié que de ne s'être pas trouvé au combat. Je me fuis voulu charger de la garde de l'une d'elles, mais le duc m'a répondu que cela ferait bon & faifable avec vous, fi vous étiez ici. Je m'en rapporte à lui pour favoir fi cette condition eft avantageufe pour moi ou pour vous (1). »

Puifque nous fommes au début du règne de Chriftine de Suède, mentionnons combien cette fille de Guftave-Adolphe qui aurait pu fournir un règne glorieux, fi elle ne s'était laiffé entraîner à des bizarreries & à des chimères (2), comme plus tard Charles XII, combien elle regretta de ne pas avoir appris la guerre fous fon père, qu'elle perdit étant âgée de fix ans feulement. Celui-ci femblait le lui avoir promis, fatisfait qu'à deux ans elle eût battu des mains & montré de la joie en entendant le canon, & l'anecdote (il y en a toujours autour du berceau des princes) prétend qu'il lui dit alors : « Laiffez-moi faire; je vous mènerai un jour en des lieux où vous aurez contentement. » Ainfi il efpérait

(1) *Hiftoire du maréchal de Gaffion*, in-32, Amfterdam, 1696, chez Louis de Lorme & Eftienne Roger, t. I, p. 136.

(2) Elle abdiqua en 1654 à vingt-huit ans. Le traité de Weftphalie qu'elle figna fut plus l'œuvre du roi fon père & du chancelier Oxenftiern que la fienne.

en faire une reine guerrière ; il comptait ſans la mort, & auſſi, diſons-le, ſans les tromperies de ces quaſi-promeſſes enfantines auxquelles on ſe laiſſe toujours prendre. C'eſt encore un trompe-l'œil que ces *Réflexions ſur la vie & les actions du grand Alexandre,* compoſées par elle, dans ſa retraite, parce qu'elle aimait à être comparée à ce monarque qui, certes, n'a rien d'une femme, même d'une femme infatigable & endurcie comme elle, non-ſeulement dans ſes actions, mais dans ſon caractère ; qui, loin d'abdiquer, a fondé un puiſſant empire, l'apogée du monde grec, & dont la gloire rayonnera encore même quand on aura oublié le juge inflexible, & ſans doute l'amante de Monaldeſchi (1).

C'eſt à cette dernière, ne l'oublions pas, que George de Scudéri a dédié ſon poëme d'*Alaric* ou *Rome vaincue* (2) ; voici un paſſage du début de cette œuvre :

Fille du grand Guſtave & qu'on voit aujourd'huy,
Par cent rares vertus, fille digne de luy,
Chriſtine, l'ornement du grand ſiècle où nous ſommes,
Reyne qu'on voit régner au cœur de tous les hommes,
Princeſſe incomparable, eſcoute dans mes vers
Comment tes devanciers domptèrent l'univers.

(1) Son grand écuyer ; elle le fit poignarder à Fontainebleau près d'une fenêtre que l'on montre encore. Le fait eſt trop connu ; nous ne nous y arrêterons pas.

(2) L'édition des Elzeviers eſt de 1656 & contient des figures ; on

La Lorraine nous offre une héroïne en la perſonne d'Albertine d'Ernecourt, dame de Saint-Baſlemont (1). Elle poſſédait le goût des armes, & dès ſon mariage (1634) revêtit l'habit & les armes d'un homme, pour prendre part aux exercices militaires de ſon mari, qui exerçait les fonctions de colonel dans l'armée du duc de Lorraine, Charles IV. Auſſi fut-elle prête, en 1636, à jouer ſon rôle dans la guerre, mais, fait curieux, elle reſta attachée au ſervice de France tandis que ſon époux combattait avec les Lorrains & les Impériaux que commandait le duc de Lorraine comme généraliſſime : ce fait tient ſans doute à ce que, née dans l'un des trois évêchés (2), réunis à la France en 1552, elle était en réalité française. Son château patrimonial de La Neuville ayant été aſſiégé en 1636 par les Eſpagnols venus de Luxembourg, elle barricada le village dont il faiſait partie, réunit pluſieurs gentilshommes, arma ſes domeſtiques & vaſſaux, ſortit contre l'ennemi, le défit, le pourſuivit, mais reçut, dit-on, cinq coups de feu, dont un enleva ſon chapeau. Ce ſuccès devint la ſource de pluſieurs autres; elle groſſit ſa troupe, entreprit une guerre de coups de main & la prolongea

la doit au libraire Courbé. En 1685, Jacob van Ellinckhuyſen, libraire de la Haye, a donné une autre édition dans le format in-12.

(1) Née en 1607.

(2) Metz, Toul & Verdun.

durant ſept ans, toujours heureuſe & profitable pour elle, ſans être ni bleſſée ni vaincue (1). Cette femme héroïque voulut plus tard finir ſa vie dans un couvent de Bar-le-Duc, mais ſa ſanté, altérée par les fatigues de la guerre, s'oppoſa à ce qu'elle pût reſter dans l'ordre des ſœurs Chriſtes qu'elle avait choiſi & dont le régime était ſévère; elle mourut en 1660 dans ſes domaines (2), L'abbé Antoine Arnauld, fils aîné du célèbre Arnauld d'Andilly, la dépeint ainſi dans ſes *Mémoires,* à la date de 1638, année où il la rencontra chez Mme de Feuquières, à Verdun : « La beauté de ſon viſage répondoit à celle de ſon âme, mais ſa taille ne répondoit pas à ſa beauté, étant petite & un peu groſſière. Dieu, qui la deſtinoit à une vie plus laborieuſe que celle des femmes ordinaires, la rendit ainſi plus robuſte & plus propre aux fatigues du corps ; il lui donna auſſi un ſi grand mépris pour la beauté, qu'ayant eu la petite vérole, elle ſe réjouiſſoit

(1) On attribue à cette guerrière le trait ſuivant: un officier, étant venu demeurer ſur ſes terres, s'y comporta mal & offenſa ſa belle-ſœur. Elle lui envoya, ſous le nom de chevalier de Saint-Baſlemont, un cartel qui fut accepté. Après l'avoir déſarmé : « Vous avez cru, Monſieur, combattre un homme ; c'eſt Mme de Saint-Baſlemont qui fut votre adverſaire ; elle vous rend votre épée, & vous prie de témoigner à l'avenir plus de conſidération pour les dames. »

(2) Conſultez l'*Amazone chrétienne*, ou les aventures de Mme de Saint-Baſlemont, qui a joint une admirable dévotion, & la pratique de toutes les vertus, avec l'exercice des armes & de la guerre, par le P. J. M. D. V. (Jean-Marie de Vernon), Paris, in-12, 1678, chez Meturas. — Nouvelle édition, Liège, 1773.

d'en être marquée, comme les autres ont accoutumé de s'en affliger, disant qu'elle en seroit plus semblable à un homme... Je l'ai vue diverses fois. C'étoit une chose assez plaisante de voir combien elle étoit embarrassée en habit de femme, & avec quelle liberté & quelle vigueur, après l'avoir quitté hors de la ville, elle montoit à cheval, & servoit elle-même d'escorte aux dames qui l'accompagnoient & qu'elle avoit laissées dans son carrosse .. Quand elle étoit en repos chez elle, toute sa journée étoit employée en offices de piété, en prières, en saintes lectures (1), en visites des malades de sa paroisse, qu'elle assistoit avec une charité admirable : ce qui, lui attirant l'estime & l'admiration de tout le monde, lui faisoit aussi porter un respect qui n'auroit pu être plus grand pour une reine. » Cet éloge justifie, en le compensant, par un louable exemple, ce que nous avons été obligé de dire au début de ce chapitre sur le danger qui peut résulter pour les femmes de se livrer aux occupations dévolues aux hommes.

N'oublions pas de mentionner qu'après la bataille livrée sous les murs de Leucate, en 1637, par le duc d'Halluin (2), pour la délivrance de

(1) Et aussi en occupations littéraires. On lui doit deux tragédies en cinq actes & en vers, *les Jumeaux martyrs* & *la Fille généreuse*; la première a été imprimée en 1650.

(2) Fils du maréchal de Schomberg.

cette place affiégée, on trouva des femmes déguifées en hommes parmi les morts laiffés par l'ennemi. « Connaiffez-vous ces nouvelles Amazones ? demande un officier français aux prifonniers efpagnols. — Vous vous trompez, répond finement l'un de ces derniers, ce ne font point des femmes. S'il y en avait parmi nous, ce font les lâches qui ont pris la fuite. » En effet, les Efpagnols avaient été vaincus & le fuccès de ce jour avait valu au chef de l'armée françaife le bâton de maréchal.

De même, en 1640, à une fortie devant Turin, à la fuite de l'action par laquelle les Français repoufférent cette tentative, « il fe trouva parmi les morts une femme qui avoit toujours paffé pour un homme chez les ennemis, fous le nom de capitaine Hendrich. Elle étoit lieutenant-colonel d'un régiment de cavalerie allemande, & avoit époufé depuis dix ans, pour mieux tromper le monde, une autre femme qui étoit la feule connaiffant fon fecret. Au commencement on l'appeloit le capitaine *Capon*, parce qu'on ne lui voyoit point de barbe. Elle avoit tué en duel, pour cette injure, un autre capitaine, ce qui la fit laiffer en repos. Elle paffoit pour un des meilleurs officiers de l'armée des Efpagnols, & pouvoit avoir quarante ans (2). »

(2) *Mémoires de Henri de Campion*, édition elzévirienne de Jannet, 1857, p. 133.

Venons actuellement à une souveraine d'un grand État.

La fille de notre roi Henri IV, la reine d'Angleterre Henriette Marie, épouse de Charles Ier, montra un grand courage, alors qu'au début des troubles contre son mari elle accourut en Hollande vendre ses diamants & acheter une flotte; au retour une tempête furieuse l'assaille, tout ce qui l'entoure se croit perdu, mais elle reste sur le tillac de son vaisseau, encourage chacun, & répète gaiement à ses troupes un mot parti d'une âme ferme : « Ayez confiance, soldats, *les reines ne se noient pas.* » Ce fait se passait vers 1640.

Louis XIII mourant signala la duchesse de Chevreuse comme une personne dangereuse : elle avait, il est vrai, intrigué & conspiré, sinon contre l'État, au moins contre le cardinal de Richelieu, & vaincue dans cette lutte, peut-être parce qu'elle n'avait pas voulu prendre auprès du célèbre ministre un rôle plus doux, elle s'était vue obligée de fuir un ordre d'arrestation, en traversant à la nage la rivière de la Somme. C'est presque là un acte militaire qui motive la citation de son nom & de sa personne en ce livre.

En 1644, la landgrave de Hesse-Cassel, qui gouvernait ses États depuis sept ans (1), apprit,

(1) Son époux était mort en 1637.

étant à table, que ſon armée avait été battue & contrainte de lever le ſiége de Paderborn ; ſe contenant, elle lut la lettre qui lui en donnait avis, & prononça ces ſimples paroles : « Cette nouvelle eſt mauvaiſe, mais il faut ſavoir ſupporter le malheur, comme ne pas s'enorgueillir dans la bonne fortune. »

Nous avons mieux que des mots courageux à citer, & voici une femme qui fait bravement tirer le canon, qui met preſque elle-même le feu à la mèche d'inflammation garniſſant la lumière. Il s'agit de Mlle de Montpenſier, la ſeconde, celle de la Fronde, fille de Gaſton d'Orléans, & rebelle à l'autorité royale comme ſon père. Le canon qu'elle fit tirer eſt celui de la Baſtille ; elle le dirigea contre les troupes du roi, à la journée de Saint-Antoine (1652), pour ſauver le prince de Condé. Si elle poſſédait des qualités militaires, elle finit mal, car, de projets de mariage en projets de mariage, elle aboutit à épouſer le fat & beau Lauzun, qui la mépriſa & la battit : alors, ſans doute, elle ne ſe ſouvenait plus de l'heureux jour (27 mars 1626) de la deuxième Fronde, où elle eſcaladait preſque les murs d'Orléans, pendant qu'on délibérait dans cette ville ſi l'on devait l'y recevoir, ſurtout en prévoyant qu'accompagnée *de ſes deux maréchales de camp* (1), & fière de la poſſeſſion de cette cité, elle voudrait

(1) Mmes de Freſque & de Frontenac ; ce titre leur avait été décerné par le père de l'intrépide princeſſe qu'elles accompagnaient.

continuer à diriger les troupes de la Fronde, qui ſtationnaient dans les environs.

L'influence de Mlle de Montpenſier ſur les opérations militaires de ſon parti ne fut pas toujours heureuſe. Le 3 mai 1652, retournant à Paris avec des paſſe-ports de la cour, & paſſant par Etampes, elle voulut voir l'armée des princes rangée en bataille. Jacques de Tavannes & d'autres chefs jugèrent cette démonſtration dangereuſe, à peu de diſtance de Turenne qui connaiſſait aſſez *Mademoiſelle & les comteſſes* pour les ſavoir curieuſes & profiter de leur curioſité déplacée; toutefois, il fallut en paſſer par le déſir de ces dames, & l'armée prit poſition en bataille ſur les hauteurs d'Etampes. A peine Mademoiſelle eut-elle vu les deux premiers eſcadrons, que l'avant-garde de l'armée royale parut à deux kilomètres, ſans qu'aucun batteur d'eſtrade eût averti. Il n'y avait plus qu'à combattre, c'était l'avis de tous les généraux; Mademoiſelle s'y oppoſa, les princes ayant recommandé d'éviter tout combat; auſſi les troupes placées dans le faubourg y furent-elles cernées ſans ſecours poſſible, & périrent-elles au nombre de quinze cents (1).

Et à la ſuite de Mlle de Montpenſier, outre ſes aides de camp, n'avons-nous pas à citer toutes les héroïnes de la Fronde, cette époque troublée, où les femmes ſe montrent aſſez habiles pour

(1) *Mémoires de Jacques de Tavannes & de Balthazar*, dans la Bibliothèque elzévirienne, Paris, 1858, p. 135 & 136.

mener le gouvernement d'un parti & les combats au milieu de leurs intrigues amoureuſes ? fatale ingérence aſſurément qui ébranle la France, ruine la nobleſſe, & nuit en définitive au rôle ſocial de la femme, par la réaction qui ſuit l'abus. Du rôle exagéré qu'elles jouent ſous la Fronde, les femmes françaiſes vont paſſer à la réſerve digne ſous Louis XIV, à la galanterie éhontée ſous la régence & Louis XV, juſqu'à ce que les malheurs de la révolution françaiſe retrempent leurs caractères & faſſent éclater à nouveau les vertus tendres & dévouées dont elles ſont capables. Quoi qu'il en ſoit, durant la Fronde, chacun des acteurs poſſède ſa nymphe Egérie & ſon Amazone, depuis Mazarin pour qui tient la Reine & Turenne qui en veut à la ducheſſe de Longueville, juſqu'à la Rochefoucauld que protége cette dernière, juſqu'à Chateauneuf qui a pour elle la ducheſſe de Chevreuſe, juſqu'au maréchal d'Hocquincourt qui offre Péronne à la ducheſſe de Montbazon, puis devient tout dévoué à Mme de Châtillon ; enfin, juſqu'au duc d'Epernon affolé de la belle demoiſelle Nanon de Lartigues. Indiquer la part priſe aux combats, par chacune de ces amoureuſes des grands ſeigneurs du temps, nous entraînerait au-delà de notre cadre.

Parlons ſeulement de Mme de Longueville, dont l'oraiſon funèbre roula entièrement ſur ce texte qui la louait & la blâmait : *Fallax pulchritudo, mulier timens Deum laudabitur,* dont la pénitence de vingt-fept ans va jufqu'à émouvoir Mme de Sévigné (1), mais qui antérieurement à cette pénitence & à ladite oraifon funèbre fuivit dans la Fronde la Rochefoucault difant : « Pour plaire à fes beaux yeux, j'aurais combattu le ciel & la terre (2) », mais en réalité dont la paffion ardente contre le Mazarin occafionna le ravage de plus d'une province françaife. Dans ce ravage, dans les luttes qui l'amènent, s'occupe-t-elle de guerre ? A peine ; la politique, les intrigues, tel eft fon lot. M. Coufin nous la repréfente, à la date de 1648, faifant *la guerre autant qu'il était en elle,* coiffée parfois d'un cafque, s'affociant aux fatigues du fiége foutenu par Paris, affiftant à des revues, difcutant les plans militaires (3). En janvier 1650, elle s'enfuit de la capitale, erre durant plufieurs jours le long des côtes normandes, fongeant à y foulever une nouvelle Fronde, parvient à s'embarquer pour la Hollande, revient à Stenai, & là traite avec les Efpagnols. Puis, rentrée à Paris à la fuite d'un pardon

(1) Lettre du 12 avril 1680.

(2) On connaît ce diftique :

Pour mériter fon cœur, pour plaire à fes beaux yeux,
J'ai fait la guerre aux rois, je l'aurais faite aux dieux.

Il s'agit de deux yeux bleus *pareils à des turquoifes,* affure Mme de Motteville.

(3) *La Jeuneffe de Mme de Longueville*, 1853, p. 364.

général (mars 1651), elle continue ses intrigues, pousse son frère à la révolte, &, après une défaite, le décide à se mettre au service des Espagnols; pendant ce temps, elle court de son côté à Bordeaux, y augmente l'agitation, finit par impatienter les habitants, mais sort de cette situation par l'amnistie générale de 1653. Dix ans plus tard, devenue veuve, elle s'impose une vie de pénitence qui abrége ses jours; toutefois elle ne quitte pas cette terre sans avoir eu la douleur de perdre son fils, tué au célèbre passage du Rhin. Comprenant mieux alors l'étendue des maux de la guerre, & regrettant d'avoir de son côté contribué si souvent à rallumer le flambeau des discordes civiles, elle envoie des agents fidèles réparer les bâtiments & semer de l'argent dans les pays parcourus & ravagés par ses troupes. C'est bien là, certes, la roue de notre existence; nous passons tous nos vieux jours, quand la Providence nous en accorde, à expier les fautes de notre jeunesse, & à réparer, quand il est possible, le mal que ces fautes ont causé à autrui : heureux encore ceux qui ont la force de reconnaître leurs torts & de leur chercher une compensation; c'est un commencement de sagesse, que l'honnête homme doit rechercher, même au risque de donner à rire aux esprits légers.

CHAPITRE X

SIÈCLE DE LOUIS XIV

—

La Bruyère, qui eſt preſque né & certes mort ſous le règne de Louis XIV, ne parle des femmes, dans ſes *Caractères*, qu'au point de vue de l'amour; nous allons eſſayer d'entretenir le lecteur de celles de ſon temps au point de vue du courage.

Dès 1656, pluſieurs années après la majorité de Louis XIV, mais alors que Mazarin encore vivant gouvernait toujours, nous voyons à Valence (en Italie) une femme, Mme de Valavoire, remplacer ſon mari bleſſé, prendre la direction de la défenſe ſur la déſignation par élection de la garniſon & des habitants, & ſe conduire de telle ſorte, dans ſes fonctions improviſées de gouverneur, qu'elle fait lever le ſiége (1).

(1) Conſultez *Mémoires de Mirabeau*, t. I, p. 140.

Vers 1660 (1), il exiſtait des Amazones près de la Mingrélie, dans le Caucaſe, ſi nous en croyons la relation du P. Lamberti, inſérée au grand recueil de Thévenot (2). Elles étaient armées de caſques, de cuiraſſes, de braſſards; les cuiraſſes ſe compoſaient d'anneaux ou d'écailles, ce qui les rendait articulées. Au-deſſous de la cuiraſſe tombait une cotte en étoffe de laine rouge; leur chauſſure conſiſtait en des brodequins. Leurs flèches, longues de quatre palmes, ſe trouvaient munies d'une pointe en acier. Le prince de Mingrélie, ayant fait de groſſes promeſſes pour obtenir une de ces Amazones vivantes, ne put y réuſſir, d'où je ſerais tenté de conclure, vu le pays où l'on place ces guerrières, qu'elles n'ont pas exiſté & ſont un reflet des Amazones de l'antiquité. Le *Voyage en Perſe* de Chardin, effectué dix ans plus tard (3), contient auſſi une réminiſcence des anciennes Amazones, car l'auteur place dans la bouche du fils du prince de Géorgie l'aſſertion que les peuplades environnantes comptaient encore des femmes guerrières, tout au moins celles

(1) Un an plutôt, en 1659, étant âgé de dix-ſept ans, Tourville qui débutait dans la marine, & annonçait déjà ce qu'il ſerait un jour, fut appelé *la jolie blonde* par un vieux corſaire auquel il donna un coup d'épée : à ce titre il peut figurer dans une hiſtoire des femmes.

(2) Ce recueil date de 1663.

(3) La deuxième apparition de ce voyageur en Perſe & dans les Indes remonte à 1671.

qui déféraient à des femmes la fouveraineté de leurs tribus errantes.

L'hiftoire coloniale du Portugal nous fournit un trait à la date de 1683. Le roi de Vifapour ayant débarqué dans l'île de Goa & élevé des batteries contre la ville du même nom, fife alors à neuf kilomètres de fa fituation actuelle, allait maltraiter cette cité, quand une héroïne, nommée dona Marie, effectua une fortie, tomba fur une redoute ennemie, la força, en tua toute la garnifon; cet exploit accompli par une femme jeta la terreur parmi les troupes du rajah & les porta à fuir. Dona Marie obtint depuis la folde de capitaine, & eut en outre l'heureufe chance de contraindre à l'époufer un infidèle qui l'abandonnait, & cela en le défiant, comme il convenait à une guerrière, à l'épée & au piftolet.

L'année 1684 offre à fon tour un trait d'hiftoire féminine affez fingulier. Le roi de Danemark, Chrétien V, voulant devenir maître de l'île d'Helgoland (1) alors au Schlefwig, fit enlever tous les pêcheurs helgolandais pendant qu'ils étaient en mer & menaça de les pendre fi l'île ne fe rendait. On voit donc que le diffentiment entre Danois & Schlefwigois n'eft pas nouveau. L'amour conjugal ne l'eft pas davantage, car les Helgolandaifes

(1) Cette île de la mer du Nord appartient aujourd'hui aux Anglais; les bains de mer y font, dit-on, excellents, & 4,000 baigneurs vont chaque année s'en affurer.

répondirent à l'acte de piraterie de Chrétien, en furprenant, avec l'aide de leurs enfants, la petite garnifon fchlefwigoife & en livrant au Danemark l'île elle-même & fa population de trois mille âmes.

Philis de La Tour du Pin de la Charce repouffe en 1692 par les armes les troupes du duc de Savoie qui envahiffaient le Dauphiné. « Louis XIV, fi nous en croyons Voltaire (1), donne à Mlle de la Charce (2) une penfion comme à un brave officier; l'ordre militaire de Saint-Louis n'était pas encore inftitué (3). »

Une Anglaife, Marie Read, nous apparaît à la fin du XVIIe fiècle, au milieu des mers américaines, vivant avec des pirates, partageant leurs dangers, leurs profits & la fin fouvent tragique de leur carrière, car, devenue prifonnière avec fes compagnons, elle fut condamnée à mort à la Jamaïque.

Nous devons auffi comprendre dans cette période les exploits de Geneviève Prémoy, connue fous le nom de chevalier Baltazar; fon hiftoire ne paraît pas entièrement véridique, & l'on doit fe méfier du mot par lequel fon biographe anonyme (4) déclare que la vérité fait *le principal ornement* de fon récit; toutefois, comme

(1) *Dictionnaire philofophique*, au mot *Amazones*.

(2) Elle appartenait pourtant à une famille calvinifte.

(3) Il le fut l'année fuivante.

(4) *Hift. de la Dragonne*, contenant les actions militaires & les

il femble exifter un fonds réel à ces aventures, nous en dirons quelques mots.

Geneviève Prémoy naquit à Guife, le 15 mars 1660; fon père fervait de partifan aux gouverneurs de Guife & de Landrecies. Ce métier, dont il s'acquitta durant quarante années à la grande fatisfaction de fes chefs, donna l'effor au caractère de Geneviève qui montra de bonne heure une grande ardeur martiale. A la fuite d'une querelle avec fon frère, qui ne la voulait laiffer habiller en homme, elle s'échappa de la maifon paternelle, fe rendit à Douai, y revêtit des habits mafculins, adopta le faux nom de chevalier Baltazar, gagna Lille & s'engagea volontairement dans un régiment de cavalerie du prince de Condé, en la compagnie d'un capitaine nommé Barthe. Le fiége de Condé (1676) fut fon début; quoique bleffée dans le premier détachement dont elle fit partie, elle ramena prifonnier un lieutenant de dragons. L'ouverture de la tranchée lui permit de fe diftinguer encore, mais, entraînée un jour à la maraude, elle fut condamnée à mort, parvint à s'échapper, puis rentra en grâce à la fuite d'une aventure très-romanefque dont nous laiffons la refponfabilité à fon panégyrifte.

avantures de Geneviève Prémoy, fous le nom du chevalier Baltazar, dédiée au roy. A Bruffelles, chez George de Backer, imprimeur & marchand libraire, aux trois Moret, à la Bergftraet, 1703. Avec privilége du roy. 1 vol. in-16 de VIII-285 pages, avec portrait.

Geneviève, après avoir affifté au fiége de Bouchain, fut de la marche qui fit lever au prince d'Orange le fiége de Maeftricht. On la voit enfuite auprès de Valenciennes prendre part à l'attaque d'un convoi, y recevoir une bleffure & tuer de fa main l'officier qui le commandait; fous Cambrai, un boulet paffe fi près d'elle qu'il la rend fourde pour quinze jours. En tous ces fiéges elle fe diftingue. A chacun des répits que lui laiffe le cantonnement de fon régiment dans une ville, après une victoire ou une conquête, fon hiftorien imagine ou tout au moins augmente quelque aventure gaie dont il la tire, du refte, toujours à fon honneur. Ainfi fait-il pour Cambrai, ainfi fait-il pour Lille où notre héroïne revient après la levée du fiége de Charleroi & la reddition de Saint-Ghiflain. Le courage dont elle fait preuve dans un détachement envoyé aux environs de Lille lui vaut bientôt le grade de cornette. Peu après, Gand & Ypres la voient à leurs portes; non loin de cette dernière place elle commande vingt-cinq maîtres & enlève à leur tête un petit convoi venant de Mons; cet exploit lui vaut une balle à la tête dont l'extraction exige l'emploi du trépan. La paix de 1678 ne tarde pas à interrompre les actions de guerre de notre héroïne, à fon grand regret. Placée dans le régiment de Gefvre, comme lieutenant réformé, elle tient garnifon à Dunkerque & à Nancy.

Geneviève Prémoy reparaît avec ſes armes en décembre 1683, au ſiége de Courtray, puis, pendant l'hiver, agit plus d'une fois en partiſan aux environs de cette ville; en effet, elle aimait à faire le coup de feu, ou plutôt à ſabrer, car n'oublions pas qu'elle ſervait ſoit dans la cavalerie, ſoit dans les dragons (1). L'année ſuivante notre héroïne coopère au ſiége de Luxembourg, où elle reçoit ſur le cou un éclat de grenade : ſon biographe reſte ici ſobre de détails militaires, & à le lire avec continuité l'on remarque combien il manque pour ſon travail de mémoires exacts ſur les actions de guerre du temps, tandis qu'il abonde en circonſtances ſur les aventures ſemi-galantes (2), ce qui confirmerait la grande place tenue dans ſon récit par l'invention.

Malgré ce doute, achevons l'eſquiſſe biographique de Geneviève Prémoy & montrons-la partie agiſſante au ſiége de Philipsbourg (1688), recevant trois balles dans la tête dans le détachement du comte de Buſſy devant le château de Briſcatel, en Allemagne, débarraſſée de deux

(1) Ce n'était pas alors la même choſe, les dragons n'étant encore que de l'infanterie à cheval; les ordonnances du temps diſent *fantaſſins, cavaliers & dragons*.

(2) Ce ſont toujours à peu près les mêmes; le chevalier Baltazar inſpire de fougueuſes paſſions à de jeunes héritières, ou ſauve en plein air des payſannes menacées dans leur honneur. A la page 197 de ſon volume, l'auteur avoue la multitude des aventures arrivées à ſon héroïne.

de ces balles par l'habileté d'un chirurgien qui lui divulgue plufieurs de fes fecrets, enfin tenant garnifon à Metz avec fon régiment. Montrons-la également attachée à l'armée du maréchal de Duras dans le Palatinat & à l'armée du maréchal de Luxembourg, près de Fleurus. Elle affifte à la bataille de ce nom, y charge plufieurs fois avec un courage à toute épreuve, perd fon cheval tué fous elle, s'empare d'un autre. Cette dernière monture était fuperbe; le maréchal la défire, force eft au pauvre officier de l'échanger contre un ardennais & cent louis d'or de retour. A quelques jours de là le maréchal dit à Geneviève : « Ecoute, chevalier, tu m'as trompé, ton cheval a un éparvin. — Tant mieux, monfieur, dit-elle, cela prouve fa bonté. Cependant rendez-le-moi fi vous voulez, je vous bouterai le vôtre. — Et mon argent ? réclame le maréchal. — Pour celui-là, je vous ferai mon billet, même par-devant notaire, fi vous le voulez, monfieur. » Tout le monde fe mit à rire : « Allons, dit Luxembourg, tu me parais plaifant; viens dîner avec moi. »

En 1691, Geneviève affifte avec fon régiment au fiége de Mons; la vue du roi excite fon courage, & elle porte fouvent la fafcine (1) à découvert. Louis XIV la loue tout en lui faifant dire de ne plus s'expofer ainfi. Sous cette ville

(1) Sans ces fascines, le travail des tranchées ferait impoffible.

elle reçoit dans une escarmouche une bleſſure au ſein, qui la met en danger de mort & dévoile ſon ſexe; le chirurgien qui la ſoigne certifie que le chevalier Baltazar, au ſervice depuis quinze ans & connu pour ſa valeur, eſt une fille, & cela double ſa réputation. Toutefois ſa guériſon fut lente. On la retrouve pourtant à la bataille de Leuze (18 ſeptembre 1691), & ſe diſtinguant comme à l'ordinaire. A peu de temps de là, Louis XIV, ſtationnant au camp de Gembloux, la fit mander & l'interrogea ſur ſes campagnes; elle répondit avec aſſurance & ſans déplaire, témoignant du déſir qu'elle avait de mourir pour Sa Majeſté; le prince de Monaco & le marquis de Roncheroles avaient rendu d'elle au monarque le meilleur témoignage.

Louis XIV eut encore occaſion de complimenter *la Dragonne* pour ſa part glorieuſe à la bataille de Steinkerque; il le fit à Verſailles, où elle ſe rendit par ordre, & lui donna des marques de ſa généroſité.

Bleſſée à nouveau lors de la bataille, nous devrions dire lors de la victoire ſuivante de Luxembourg, & devenue infirme, notre héroïne rentra en France & ſe rendit à Fontainebleau auprès du roi. « Vos ſervices ſont dignes de récompenſe », lui dit ce prince. Une penſion & l'admiſſion dans l'ordre de Saint-Louis, dès ſa création, furent la ſuite de cette gracieuſe parole du ſouverain; Geneviève fut autoriſée à porter l'ordre de Saint-Louis en écharpe.

Le chevalier Baltazar parut encore à l'armée en 1697, ſous les murs d'Ath en Flandre, & finalement en 1702 en Italie; là, il commanda juſqu'à deux compagnies de grenadiers. On ignore l'époque de ſa mort. Depuis qu'on l'avait reconnu pour une femme, il portait une jupe, mais le reſte de ſon habillement dénotait un officier de diſtinction. Son front était large, ſa chevelure brune, ſon air hardi, ſon attitude délibérée.

Le début du XVIIIe ſiècle nous montre deux femmes militaires en Algérie dans la perſonne des princeſſes Elgie & Aumoni (1). La première (2) vint en aide à ſon père, nommé le ſultan, c'eſt-à-dire le chef, Boiſis, lequel avait conquis une grande autorité & en impoſait même aux Turcs, mais qui fut enfin vaincu par le bey de Conſtantine; comme les troupes de ſon père faibliſſaient & parlaient de ſe ſoumettre, elle ſe para de ſes plus beaux vêtements, monta à cheval, appela ſes parentes, ſes amies, ſes voiſines, les fit prendre une monture, & les harangua ainſi : « Puiſque ces hommes n'ont pas le courage d'aller contre les Turcs, vendons nous-mêmes chèrement notre vie & notre honneur, & ne reſtons plus avec ces

(1) Reportez-vous aux *Renſeignements ſur la province de Conſtantine*, par DUREAU DE LA MALLE, 1837, p. 259 & 260.

(2) Elgie-ben-Boiſis (ben-Nazer).

lâches. » En partant elle dit auſſi aux guerriers : « Enfants de Nazer, ne me ſuivrez-vous pas? » Cette conduite, l'énergie dont elle faiſait preuve, réchauffa les eſprits; les Turcs furent vigoureuſement aſſaillis, battus, dépouillés de leur butin, & leur chef fait priſonnier. — Outre cette Jeanne d'Arc, la princeſſe Aumoni honore vers le même temps le coin de la terre africaine que nous nommons aujourd'hui la province ou le département de Conſtantine. Agée de ſoixante ans, à la date de 1723, elle commandait à une portion étendue de pays; depuis ſon veuvage, elle s'était maintenue & avait fait reſpecter ſon pouvoir, livrant au beſoin des combats & y paraiſſant au premier rang; on la redoutait, elle avait dompté pluſieurs fois l'orgueil du bey de Conſtantine; celui-ci, vaincu, avait même épouſé ſa fille, pour acquérir enfin ſon alliance & vivre en paix avec une auſſi terrible voiſine.

A partir des revers de Louis XIV, les demoiſelles de la maiſon de Saint-Louis, fondée à Saint-Cyr par Mme de Maintenon, ſe mettent à prier pour les armes de la France (1); c'eſt encore là une participation touchante des femmes aux actions de guerre, & nous ne pouvions la paſſer ſous ſilence dans ce travail.

(1) Voyez *Hiſtoire de la maiſon de Saint-Louis*, par M. LAVALLÉE, chap. XI & ſurtout XIII.

Mentionnons enfin Catherine Ire, impératrice de Ruſſie, non parce qu'elle fut dans ſes jeunes années (1) femme d'un ſoldat ſuédois, mais parce que devenue plus tard, par la plus ſingulière ſérie d'événements, épouſe du czar Pierre le Grand, elle ſauva ce monarque, en 1711, en achetant de ſes pierreries, ſur les bords du Pruth, la retraite du grand vizir, retraite qui mit fin à la malheureuſe campagne entrepriſe par les Ruſſes contre les Turcs. Cet acte de déciſion, plus honorable pour Catherine que pour ſon mari, devint cependant en 1714, de la part de ce dernier, le motif de la création de l'ordre de Sainte-Catherine, deſtiné aux dames ruſſes (2).

Et diſons que ſous le règne de Catherine, ou plutôt ſous celui de ſon mari, alors qu'il achevait au début du XVIIIe ſiècle la conquête de la Sibérie, les femmes toungouſes dans ce pays ſuivaient encore leurs maris à la guerre.

(1) Elle ſe nommait Marthe Rabe & appartenait comme payſanne à la Livonie.

(2) Le ruban eſt ponceau liſéré d'argent. Nous ne parlons pas de Catherine II, parce qu'elle a conquis des territoires ſans paraître aux armées; Catherine Ire, au contraire, a figuré dans les camps & pris part aux campagnes.

CHAPITRE XI

RÈGNE DE LOUIS XV

—

Nous avons un faible bagage à préfenter au lecteur relativement à ce règne. Auffi citerons-nous, pour ouvrir le préfent chapitre, les hofpitalières des Incurables de Naples, lefquelles, à la date de 1728, ne voulaient pas rendre aux pères de l'Oratoire un couvent qu'elles leur avaient enlevé par violence, deux fois confécutives, & cela à caufe du refus des pères de reftituer un terrain voifin à elles appartenant; ce font, il eft vrai, des révoltées, plus que des guerrières, mais il n'en fallut pas moins pour les réduire un détachement de 300 hommes, en plus d'un bref papal.

En 1735, Mme Gafforio fe diftingue en Corfe les armes à la main. Son mari étant abfent, les Génois veulent forcer fon palais & l'enlever elle-même. Elle s'y barricade, s'y approvifionne de vivres & de munitions, & fe défend durant plufieurs jours. Ce fiége durait encore lorfque les

Corfes raffemblés par elle fe mutinent, à la vue de leurs camarades tués par le feu de l'ennemi, & parlent de fe rendre. Elle auffitôt de faifir un baril de poudre & une mèche allumée, de les porter dans une falle baffe & voûtée, & de dire à fes foldats que s'ils ceffaient de combattre, elle allait faire fauter le château. Son intrépidité ramène l'énergie chez fes compagnons, la réfiftance continue & le général Gafforio arrive à temps pour délivrer fa femme & fa maifon.

Marie-Thérèfe d'Autriche, l'adverfaire du grand Frédéric, appartient à cette période, & nous devons nous arrêter fur cette mâle & digne figure de fouveraine qui mérite une place honorable dans l'*Hiftoire militaire des Femmes*. Elle le mérite, au point de vue guerrier, au moins par deux actes, fa confiance dans les Hongrois, la création d'un ordre de chevalerie. C'était en 1741 ; elle fuyait devant Frédéric II, maître de la Siléfie, jufqu'alors province autrichienne, & devant l'électeur de Bavière, bientôt élu empereur. A peine avait-elle trouvé une ville tranquille pour faire fes couches. Elle atteint Pefth, affemble les États de Hongrie &, tenant fur les bras fon fils nouveau-né (depuis Jofeph II), prononce devant eux une allocution latine qui peut fe réfumer ainfi : « Abandonnée par mes amis, pourfuivie par mes ennemis, perfécutée par mes proches, je n'ai d'autre reffource que votre fidélité, votre courage & ma conſtance. Avec l'aide de Dieu, c'eſt aſſez. Je remets entre vos mains mes enfants qui attendent leur ſalut de votre valeur. » A ces mots, prononcés avec autant de ſimplicité que de nobleſſe, les magnats tirèrent leur épée, comme ils le font à la cérémonie du couronnement (1), &, la faiſant flamboyer, s'écrièrent unanimement : « *Moriamur pro rege noſtro Maria-Thereſia.* » La réconciliation entre la monarchie autrichienne & la Hongrie ſe trouvait ſcellée à nouveau & pour longtemps ; le ſabre hongrois fut pour beaucoup dans la lutte contre Frédéric II & contre la France tant que Charles VII vécut. Les talents de pluſieurs généraux autrichiens, ceux du maréchal Daun, vainqueur à Chotemitz, y furent bien pour quelque choſe : c'eſt à l'occaſion de ce ſuccès que l'impératrice Marie-Thérèſe créa l'ordre de Marie-Thérèſe, fondé le jour même de l'action, le 18 juin 1757, & dont les ſtatuts (2) veulent qu'il ſoit accordé excluſivement aux généraux ayant gagné une bataille ou forcé une place (3). En dehors

(1) Le couronnement de Marie-Thérèſe, comme reine de Hongrie, avait eu lieu peu auparavant. Pluſieurs écrivains confondent à tort la cérémonie de ce couronnement & la ſcène célèbre rappelée dans le texte.

(2) L'inſtitution réelle, ſur le papier, eſt du 12 déc. 1757.

(3) Le ruban eſt blanc avec un liſeré rouge ſur chaque bord. L'ordre de Marie-Thérèſe a été réorganiſé en 1760, puis en 1810, & les conditions d'admiſſion chaque fois adoucies ; il fut toujours un

de ces deux actes on ne peut dire que Marie-Thérèse, qui jamais n'a commandé personnellement ses troupes, ait participé aux choses militaires, si ce n'est en veillant à l'organisation de son armée : ainsi on la voit en 1748, au lendemain du traité d'Aix-la-Chapelle, prescrire l'entretien de troupes presque aussi nombreuses que celles entretenues par ses États pendant la guerre; c'était signifier à ses ennemis que désormais elle serait prête à faire bonne résistance si on l'attaquait encore, soit séparément, soit réunis en une coalition; mais en même temps elle tempéra l'inconvénient du grand nombre de bras enlevés à l'agriculture par la présence de tant d'hommes sous les drapeaux, en favorisant les mariages parmi les soldats & en formant des établissements pour l'éducation des enfants sortis de ces unions. Mentionnons cependant une récompense d'une espèce particulière, indépendante de l'ordre de Marie-Thérèse, qu'elle imagina en faveur du maréchal Daun, au lendemain de sa victoire à Chotemitz, récompense consistant en la faculté accordée exceptionnellement de faire lui-même une promotion parmi les officiers de l'armée. Cette délégation du pouvoir souverain doit d'autant plus attirer l'attention que, un siècle &

ordre réservé aux officiers, sans distinction de naissance, de religion, ni d'ancienneté de service.

demi auparavant (1), le célèbre Wallenſtein avait obtenu, de l'empereur Ferdinand aux abois, l'autoriſation de lever à ſes frais une armée de cinquante mille hommes dont tous les emplois ſeraient à ſa nomination, conceſſion exorbitante, doublée pourtant peu après (2), qui gonfla d'orgueil le duc de Friedland & le pouſſa à conſpirer (3); mais avec le maréchal Daun, ſous cette dimenſion reſtreinte, & dans l'état de la monarchie autrichienne ſous Marie-Thérèſe, il n'y avait rien de ſemblable à craindre. Il eſt reſté de cette récompenſe ſpéciale un uſage militaire moderne, ou du moins on peut rattacher cet uſage à la dite récompenſe & par conſéquent à la ſouveraine dont nous parlons : lorſqu'un gouvernement entreprend une expédition lointaine, à une diſtance telle qu'il ne puiſſe lui-même diſtribuer promptement les récompenſes méritées & demandées, il délègue au général en chef inveſti de ſa confiance le droit d'accorder des décorations & des grades juſqu'à un échelon déterminé, en ſtipulant toutefois que ces décorations ou grades ne ſeront définitives qu'après

(1) En 1625. Voyez ſon *Hiſtoire*, par GUALDO (en italien), Lyon, 1643, in-4°.

(2) En 1632, c'eſt-à-dire que Wallenſtein put lever à cette date une armée de *cent mille* ſoldats.

(3) Ferdinand n'eut d'autre reſſource que de le faire aſſaſſiner ; ainſi en France Henri III s'était défait du duc de Guiſe.

ratification par le monarque. — Ne quittons pas cette page relative à Marie-Thérèse sans y mentionner le courage héroïque dont elle fit preuve dans les circonstances difficiles de sa vie, courage politique ou *civique* si l'on veut, pour l'opposer au courage militaire, mais qui ne dépare jamais les vertus guerrières, soit chez l'homme, soit chez la femme; courage qui consiste surtout dans l'énergie vis-à-vis du malheur, la persévérance à y remédier, la constance à montrer à ses inférieurs un visage calme & confiant alors même que l'on commencerait à douter du résultat final.

Rappelons qu'à la bataille de Fontenoy, qui est postérieure à l'époque où Marie-Thérèse commença ses guerres, on trouva, lors de la dépouille des morts, un grand nombre de femmes au plus fort de la mêlée, ce qui semble indiquer combien le racolage faisait flèche de tout bois & enrôlait au besoin une femme habillée en homme plutôt que de manquer à son rôle (1).

La chevalière d'Eon appartient au règne de Louis XV. Jusqu'en 1770, c'est-à-dire jusqu'à l'âge de quarante-deux ans, c'est un homme, au moins en apparence. Elle est élevée comme un garçon, fait ses études au collége Mazarin, devient

(1) Nous avons parlé du racolage dans plusieurs de nos ouvrages & surtout dans le mémoire manuscrit relatif à la *formation de l'armée française*, récompensé en 1860 par l'Académie des sciences morales & politiques : le lecteur, curieux des détails accessoires à l'objet principal d'un livre, peut y recourir.

docteur en droit civil & en droit canon, écrit fur la politique. En 1757 elle part pour Saint-Péterfbourg comme fecrétaire du chevalier Douglas, chargé d'opérer un rapprochement entre la France & la Ruffie, contribue à l'obtention de ce réfultat, en apporte la nouvelle à Louis XV & reçoit en récompenfe un brevet de lieutenant de dragons. De retour à Saint-Pétersbourg, la chevalière prend part à l'arreftation du miniftre Beftucheff & du genéral Apraxin; de nouveaux chefs font donnés aux armées ruffes, & Frédéric le Grand fe trouve ferré de plus près. D'Eon prend lui-même part, en 1761, à cette guerre de fept ans, en qualité de capitaine de dragons & d'aide de camp du maréchal de Broglie; il fe diftingue par plufieurs actions d'éclat & reçoit deux bleffures. Vers 1764, il accompagne le duc de Nivernais à Londres, gère fous lui notre ambaffade, réuffit à merveille dans fes fonctions, apporte à Louis XV la ratification d'un traité, & obtient la croix de Saint-Louis. Puis, fa carrière s'arrête; foit hauteur de fa part, foit inimitié de la part de rivaux, pour ces deux motifs à la fois fans doute, il échoue près du nouvel ambaffadeur de France, & perd la tête du chagrin d'être difgracié après avoir été miniftre plénipotentiaire par intérim; il publie tous fes papiers, fon livre fait fcandale. Néanmoins Louis XV, dont il était évidemment l'agent fecret, le foutient & lui accorde même, par brevet *entièrement autographe*, une penſion de douze mille livres. Soit pour couvrir les intrigues auxquelles il avait participé & mieux donner le change, ſoit ſimplement par un effet de la crédulité publique, on prétendit ne plus voir en d'Eon qu'une femme, & plus tard ordre lui fut donné de prendre le coſtume féminin. De nombreux paris s'ouvrirent ſur ſon ſexe, principalement à Londres; il eut la ſageſſe d'y demeurer étranger. Il me ſemble avoir ſouvenance que durant ſa carrière militaire & politique, principalement en Ruſſie, il avait déjà recouru à l'habit féminin.

Quoi qu'il en ſoit, notre Amazone reçut à nouveau du roi Louis XVI, qui ne tolérait pas qu'on s'affranchît des convenances, & poſſédait ſans doute des renſeignements ſecrets ſur ce ſingulier perſonnage, l'ordre formel de reprendre les habits de femme; une infraction à cet ordre (le port d'un habit de dragons) le fit enfermer en 1781 au château de Dijon, où Carnot alla lui rendre viſite. En ſouvenir de cette entrevue, elle lui adreſſa, ſous la République, une demande à l'effet de rentrer au ſervice; il en donna lecture à l'Aſſemblée, mais ſans que la requête fût admiſe (1). Déjà précédemment M. de Maurepas avait rejeté une requête ſemblable, & la chevalière

(1) *Mémoires ſur Carnot*, par ſon fils, t. I, 1861, p. 104.

d'Eon avait été obligée de cacher ſes épaulettes & ſa croix de Saint-Louis. Elle mourut en 1810, à Londres, après avoir ſouffert longtemps d'une miſère cruelle qui augmenta ſes dernières infirmités; une autopſie eut lieu, le P. Elyſée, premier chirurgien de Louis XVIII, y aſſiſta, & il fut conſtaté que la chevalière d'Eon avait été un homme; néanmoins, en raiſon de l'ambiguïté de ſon rôle, elle appartient bien à la préſente hiſtoire (1).

En mai 1768, alors que l'expédition de Bougainville deſcendait dans une île, les indigènes entourèrent le jeune domeſtique de M. de Commerçon, naturaliſte attaché à ce voyage de circumnavigation, &, le reconnaiſſant pour une femme, voulurent, ſuivant leurs uſages, lui accorder les honneurs compatibles avec leur degré de civiliſation. C'était, en effet, une jeune fille du nom de *Baré* (2), mais on ignorait ſon ſexe qu'elle cachait avec ſoin, d'autant qu'elle accompagnait & ſervait ſon maître, avec un courage infatigable, dans ſes longues & fréquentes herboriſations. Déjà elle avait ſervi à Paris ſous des habits d'homme, ſans qu'on ſache le motif de cette transformation;

(1) Liſez *Perſonnages énigmatiques & hiſtoires myſtérieuſes*, par Frédéric Bulau, traduction Duckett, Paris, in-12, 1861, t. I, p. 263 & ſuivantes.

(2) On a ſouvent écrit Barre, en citant ce fait, mais c'eſt une erreur.

cette fois le goût des voyages l'avait engagée à ſe faire accepter par le ſavant, & elle ſe montrait contente de ſa ſituation, lorſque le flair des ſauvages découvrit ſa ruſe, l'obligea à reprendre l'habillement féminin & par ſuite à renoncer aux courſes aventureuſes qui lui offraient tant de charme (1).

La dernière année du règne de Louis XV, en 1773, une femme défendit à elle ſeule un fort. Le fait ſe paſſe en Chine. Il s'agit du pays des Miao-tſee, montagnards récemment ſoumis. Dans un pays de rochers inacceſſibles, ſéparés ſeulement par des précipices, il exiſtait un petit fort perché ſur une cime élevée. Les troupes chinoiſes avaient deux mois durant aſſiégé ce ſortin. Enfin des ſoldats de garde, entendant du bruit au-deſſus de leur tête, grimpèrent avec des crampons, gagnèrent une plate-forme, y trouvèrent une femme puiſant de l'eau à une ſource. Se ſaiſir d'elle fut l'affaire d'un inſtant, puis on l'interrogea ſur la garniſon du fort, le temps qu'elle pourrait probablement réſiſter, la poſſibilité de pénétrer dans la place. A ces queſtions la priſonnière oppoſait un viſage imperturbable, puis, tout d'un coup, ſe décidant : « Au fait, dit-elle, vous êtes maintenant les maîtres du fort, qui n'a jamais eu d'autre garniſon que moi. Seule

(1) Reportez-vous à la *Relation* de Bougainville.

je l'ai défendu contre vous, & j'aurais réfifté encore longtemps fans le befoin d'eau qui m'en a fait imprudemment fortir. » Et les entraînant, elle leur fit vifiter le lieu de fes exploits, leur montrant les endroits d'où elle tirait des coups de fufil, ceux d'où elle lançait des pierres. Ce récit intéreffant appartient au P. Félix d'Arocha, miffionnaire appartenant à l'ordre des Jéfuites, chargé en 1774 de lever la carte du pays des Miao-tfee par l'empereur régnant.

CHAPITRE XII

PÉRIODE DE LA RÉVOLUTION FRANÇAISE (1)

—

Dès 1781, on vit des femmes parmi les souscripteurs pour les écoles nationales militaires; la liste, datée du 1er juillet 1787, en compte 29 sur 129, & même parmi elles figurent deux demoiselles, Mlle de Talaru & Mlle Dumas (2). On sait que ces écoles, dont plusieurs existèrent, avaient pour but d'élever gratuitement les enfants des paysans, de les former pour devenir soit de bons soldats, soit de bons cultivateurs, & de les employer, pendant leur temps d'éducation, à la construction des chemins, de façon à supprimer les *corvées* alors fort onéreuses.

En 1789, la tendance des femmes à s'occuper des choses militaires & à le faire avec goût se

(1) Voyez au chap. VII ci-dessus une des annotations relative à *Jeanne Hachette*, p. 141, note 2.

(2) Reportez-vous au onzième mémoire *concernant les écoles nationales militaires*, in-8° de 23 pages, 1787, de l'imprimerie polytype, rue Favart.

manifefte mieux encore par ce fait public que plufieurs d'entre elles, à la création de la garde nationale, prennent un fufil & montent la garde.

A ce moment, d'ailleurs, il exiftait une *matelote* retraitée à dix-fept ans, *avec la demi-folde de matelot,* pour avoir pris part, fur les vaiffeaux du roi, aux glorieufes campagnes maritimes de MM. d'Eftaing & de Graffe. Elle fe nommait Adélaïde Elié. Echappée de la maifon paternelle à l'âge de onze ans, dans le but de fe fouftraire aux mauvais traitements d'une belle-mère, elle était arrivée de la ville de Serre (en Gapençois) à Marfeille, &, après avoir mendié plufieurs jours, avait troqué chez un fripier fes habillements de fille contre de mauvais vêtements de garçon. Elle s'engage alors au titre de *fous-mouffe* fur le vaiffeau *le Glorieux.* Là, elle s'acquitte à merveille de fes fonctions, combat avec intrépidité, reçoit trois coups de feu, dont l'un lui caffe le bras, dont les deux autres l'atteignent à la même jambe. Rien ne la rebute, elle cache fon fexe & le cache encore en Angleterre, où le sort de la guerre la conduit bientôt comme prifonnière. A la paix elle revient en France & y eft reconnue pour une femme. Après cette citation, abordons ce qui concerne les héroïnes forties de la Révolution, fujet intéreffant & qui plaira au lecteur.

Les idées forties de cette grande commotion,

les ſituations extrêmes engendrées par cette criſe, mirent les armes aux mains de la France; de grandes luttes s'engagèrent, & dans ces luttes qui embraſſent une période de plus de vingt années, en y comprenant les campagnes du premier empire, & de douze années ſeulement en ce qui concerne le régime républicain conſidéré à part, plus d'une femme figure. Cela ſe comprend; outre l'enthouſiaſme patriotique & militaire, qui était alors de mode & ſe juſtifie ſous le cri d'indépendance pouſſé par les habitants de nos frontières menacées, enthouſiaſme que des femmes ont pu partager, il eſt naturel que pluſieurs de ces héroïnes aient ſuivi un mari, un fiancé, un amant que la loi appelait à l'armée, & aient cherché à l'encourager par leur préſence pour qu'il fît ſon devoir & ſauvât ainſi ſa vie & ſon honneur. Telles furent les ſœurs Fernig & bien d'autres dont nous citerons les faits d'armes.

Les premières ſe vêtirent d'habits d'homme, s'armèrent de fuſils de chaſſe, marchèrent contre les Autrichiens avec la garde nationale de Mortagne (près Valenciennes), pour accompagner leur père, lequel commandait cette troupe bourgeoiſe; ce père exerçait dans ladite localité les fonctions de greffier général des terres & châtellenies de Mortagne, & ſe livrait en même temps à la culture des lettres, mais il était originaire d'Alſace, d'une famille noble (1), & avait fait de 1755 à 1762 les campagnes de Hanovre ſous le maréchal de Richelieu. Ses deux filles étaient douées d'une grande beauté ; l'une, Félicité, avait ſeize ans; la ſeconde, nommée Théophile, treize ans ſeulement. Leur préſence, leur abnégation, électriſent les gardes nationaux qui réuſſiſſent à repouſſer pluſieurs attaques nocturnes. Le général Beurnonville ſurvient, paſſe les vainqueurs en revue, & félicite les deux héroïnes qui « ſavent tuer leur homme ». On les retrouve à Valmy, en qualité d'*aides de camp* de du Mouriez, ſuivant un titre officiel, & elles prennent leur part du succès. A Jemmapes, la plus jeune fait priſonnier un coloſſal chaſſeur à cheval hongrois, & le ramène triomphante au général en chef, ce qui fit rire aux dépens du captif & excita l'admiration en faveur de l'heureuſe guerrière ; dans cette même journée l'aînée s'attacha à la perſonne du duc de Chartres (depuis Louis-Philippe), & chargea à ſes côtés, *la bride dans les dents & le piſtolet au poing.* Pour les récompenſer la Convention leur envoie des chevaux, décrète qu'elles ont *bien mérité de la patrie* & ordonne la reconſtruction aux frais

(1) Son fils, le comte de Fernig, était chef de bataillon ou lieutenant-colonel en 1792, devint général de brigade, & ſe lia avec la famille de Rotſchild ; il s'eſt diſtingué à la bataille de Lutzen & a fait la campagne d'Eſpagne en 1823.

de l'État de leur maiſon incendiée par l'ennemi (1); car les éloges paſſent vite & ce ne ſont pas eux qui font la gloire, mais les actes eux-mêmes, & les deux sœurs continuèrent à combattre & à s'expoſer, à donner un exemple qui électriſait les troupes; pluſieurs chevaux furent tués ſous elles, Félicité ſauva même un jeune volontaire français qu'elle épouſa plus tard (2). Le 5 avril 1793, menacées par le ſyſtème de la Terreur, & ne voulant pas abandonner du Mouriez, elles émigrèrent (3) avec lui; ce réſultat correſpondait mal à leur bravoure & à leurs ſentiments politiques, Théophile déclarant dans une de ſes lettres ne pas partager les principes de du Mouriez; mais à enviſager leur ſort, chacun peut tirer une concluſion & peut s'attendre à la diſgrâce de trouver un jour la patrie ingrate, tout en ſe promettant de ne jamais lui en vouloir (4).

Claudine Rouget & Goton Marchand furent

(1) Ce dernier décret fut abrogé quand elles émigrèrent.

(2) Il était Belge d'origine & ſe nommait Vandermallen.

(3) Elles furent jetées en priſon en Hollande; l'aînée finit par épouſer un officier belge, la ſeconde mourut en 1818 à Bruxelles, auprès de ſa ſœur. Une troiſième ſœur du général comte de Fernig, Aimée, a épouſé le commandant Guilleminot, depuis officier général, officier d'état-major renommé qui devint chef du dépôt de la guerre sous la Reſtauration.

(4) Sur la vie ultérieure de Mlles de Fernig, liſez *Correſpondance inédite de Mlle Théophile de Fernig*, publiée par M. Honoré Bonhomme, in-12, 1873, chez Firmin Didot. Cette correſpondance reſpire la pureté & l'honnêteté.

plus heureuſes. Toutes deux combattirent dans les armées de la République; la première reçut, en décembre 1793, une penſion de 500 fr.; la ſeconde, en juillet 1795, une gratification de 400 fr. La dernière venait de ſe diſtinguer au ſiége de Maeſtricht; mais en leur accordant une récompenſe, la Convention voulut faire ceſſer les inconvénients pouvant réſulter de la préſence de femmes au milieu des rangs militaires; toutes deux reçurent donc l'ordre de rentrer dans leurs foyers (1). Quant à la demoiſelle Quatreſous, la récompenſe qui lui fut octroyée le 22 avril 1794 diffère des deux précédentes; elle conſiſte en une penſion de 300 fr. avec promeſſe de l'augmenter le jour de ſon mariage; cette clauſe particulière dénote en faveur de ſes ſervices & de ſa bonne réputation. N'oublions pas à ce titre la femme Pochelat, qui combattit, en 1792 & 1793, en qualité de canonnier, dans la légion des Ardennes; comme les précédentes dont elle était contemporaine, elle obtint de la Convention des éloges & une penſion. Nous ignorons ſi elle reprit les armes & continua le ſervice militaire après l'obtention de cette penſion (juin 1793) : toutefois on ne lui en fit pas la condition.

(1) Nous ne parlons ni de Théroigne de Méricourt ni de Henriette Jeanne Lacombe, qui ont pris part à des émeutes, à des inſurrections, à la journée du 10 août 1793 par exemple; ce ſont des révolutionnaires, nullement des guerrières.

Le ſiége de Lyon par les Républicains, en 1793, nous offre, parmi les défenſeurs de l'antique cité, une femme, Marie Adriam, qui, vêtue en homme, remplit durant deux mois l'office de canonnier. Après la victoire de la Convention, un juge lui demande comment elle a oſé braver les dangers de la guerre, pourquoi elle a porté les armes contre la patrie : « Non, dit-elle, je luttais pour délivrer mon pays de ſes oppreſſeurs. » On la guillotina ; elle mourut avec fermeté.

En 1794 nous prenons Menin, mais perdons Landrecies ; les habitants de cette dernière place font de courageux efforts pour éviter d'appartenir à nos adverſaires, & leurs femmes les ſecondent avec une énergie à laquelle Carnot a rendu hommage en diſant qu'elles euſſent ſauvé la ville à elles ſeules ſans la molleſſe de la garniſon.

Relativement aux guerrières vendéennes, nous poſſédons une dépoſition formelle, celle de Mme de la Rochejacquelein, qui fut un témoin oculaire des luttes inteſtines ſoutenues dans la Vendée ; leur nombre reſta toujours reſtreint, car ce témoin le fixe à *dix* au plus. Reproduiſons le paſſage de ſes mémoires qui traite de ce ſujet ; nous aurons ainſi l'impreſſion première d'une femme qui peut compter également parmi nos héroïnes puiſqu'elle prit part aux guerres racontées par elle, ſuivant à cheval ſon premier mari, M. de Leſcure, ſachant lui ſervir d'aide de camp, déployant un double courage, le courage moral & le courage phyſique (1); nous emprunterons d'ailleurs une page à un écrivain de talent, devenu plus tard membre de l'Académie française, à l'auteur de l'*Hiſtoire des ducs de Bourgogne,* à M. de Barante, qui rédigea les mémoires de Mme de la Rochejacquelein & les mit au jour en 1815. « Les généraux vendéens, nous apprend cet ouvrage, avaient défendu qu'aucune femme ſuivît les armées. Cependant, après l'attaque de Thouars, on trouva une femme parmi les morts. Elle s'était peu avant confiée à moi en me ſuppliant de ne rien dire à M. de Leſcure. Je ſus qu'elle s'appelait *Jeanne Robin,* de Courlay. J'écrivis au vicaire de la paroiſſe. Il me répondit qu'elle était fort honnête fille, mais que jamais il n'avait pu la diſſuader d'aller ſe battre : elle avait communié avant de partir. La veille du combat de Thouars elle vint trouver M. de Leſcure & lui dit : « Mon général, je ſuis une fille; Mme de Leſcure le ſait, & elle ſait auſſi qu'il n'y a rien à dire ſur mon compte. C'eſt la bataille demain; faites-moi donner une paire de ſouliers. Après que vous aurez vu comment je me bats, je ſuis ſûre que vous ne me renverrez pas. » En

(1) Après la mort de M. de Leſcure, elle fut pourſuivie, obligée de ſuivre l'armée, quoique enceinte, échappa en ſe déguiſant & en gardant un troupeau au milieu des bois, enfin gagna le château de Dréneuf où elle accoucha de deux filles (1794).

effet, elle combattit sans cesse sous les yeux de M. de Lescure; elle lui criait : « Mon général, vous ne passerez pas, je serai toujours plus près des Bleus que vous. » Elle fut blessée à la main, & cela ne fit que l'animer davantage; elle lui montra sa blessure, en disant : « Ce n'est rien que cela. » Enfin elle fut tuée dans la mêlée où elle se précipitait en furieuse. » Arrêtons-nous sur cette action de Jeanne Robin, nettement caractérisée par les lignes qui précèdent. Evidemment elle entrait entièrement dans la lutte & donnait elle-même la mort; à ce sujet n'oublions pas que c'était une jeune fille, car une femme déjà mère, & le cœur déjà éprouvé par les joies maternelles, hésite à tuer. En outre notre Vendéenne cherchait la mort, cela est évident, puisqu'elle vient de propos délibéré à l'armée & se met de gaieté de cœur au plus fort de la mêlée. Etait-ce chagrin de cœur, chagrin honnête, bien entendu, d'après les témoignages qui lui sont donnés? Etait-ce dédain de la vie, ou simple dégoût des faiblesses qu'elle avait découvertes dans l'humanité? Autant de problèmes assurément. De toute façon la pauvre paysanne était un être à part, digne d'admiration pour le sacrifice noble & fier de sa vie.

« Il y avait dans les autres divisions, continuent les mêmes mémoires, quelques femmes qui combattaient ainsi déguisées. J'ai deux sœurs, de quatorze & quinze ans, qui étaient fort courageuſes. A l'armée de M. de Bonchamps, une fille s'était faite cavalier pour venger la mort de ſon père ; elle a fait des prodiges de valeur dans toutes les guerres de la Vendée, ſous le nom de l'*Angevin* (1). C'eſt la ſeule payſanne qui ſe ſoit battue, qui vive encore (2). Je vis auſſi un jour arriver à Chollet une jeune fille grande & fort belle, qui portait à ſa ceinture deux piſtolets & un ſabre ; elle était accompagnée de deux autres femmes armées de piques. Elle amenait à ſon père un eſpion. On l'interrogea. Elle répondit qu'elle était de la paroiſſe de Tout-le-Monde, & que les femmes y faiſaient la garde, quand les hommes étaient à l'armée. On lui donna beaucoup d'éloges ; ſon petit air martial la rendait encore plus jolie (3). »

Il exiſtait encore en Belgique, au village de Vieſville, près de Goſſelies & non loin de Loupoigne, dans les premiers jours du mois de janvier 1866, une ancienne cantinière des dragons de La Tour. Nous parlons, on le voit, d'une femme qui a figuré dans les rangs oppoſés aux Français. Cette vivandière, âgée de cent deux ans en

(1) On a publié des *Mémoires* touchant ſa vie militaire, Paris, 1814, in-8°.

(2) Preuve de la part ſérieuſe que ces femmes prenaient au combat.

(3) *Mémoires de Mme de la Rochejacquelein*, rédigés par M. de Barante, Bordeaux, 1815, p. 237 à 239.

1866 (1), & par conféquent née vers 1764, affifta à la bataille de Fleurus en 1794, & accoucha pendant l'action même d'un fils qu'on a toujours nommé *le dragon;* voilà, certes, une participation peu commune à un acte militaire. Elle fuivit les Autrichiens dans leur retraite & ne quitta l'armée qu'à la mort de fon mari, pour gagner le village natal & y vivre avec fon enfant.

En 1797, au paffage de la Piave, par la divifion Guieu (le 12 mars), un foldat, entraîné par le courant, allait fe noyer, quand une vivandière de la 51e demi-brigade, *Marie Dauranne,* fe jeta à la nage & le fauva. Le général Bonaparte lui fit auffitôt préfent d'un collier d'or, auquel on fufpendit plus tard une couronne civique fur laquelle fe trouvait gravé le nom du fantaffin qui lui devait la vie (2). La lettre écrite au nom du futur premier conful par le général Berthier, & datée du 28 août 1798, la traite d'*aimable citoyenne* & appelle *civique & intrépide* la conduite qu'elle a montrée; ces expreffions font autant de traits de mœurs que l'hiftorien & le moralifte ne peuvent laiffer échapper (3).

(1) Elle jouiffait encore de toutes fes facultés intellectuelles, effectuait de longues courfes à pied, &, pour que l'affimilation avec les vieux grognards fût complète, aimait à caufer guerre & racontait volontiers fa vie aventureufe au milieu des camps.

(2) Voyez le Bulletin officiel du paffage de la Piave.

(3) Ainfi la *citoyenne* pour un trait *civique* reçoit une couronne *civique;* l'abus fe trouvait alors, relativement à l'expreffion que nous

Au même moment une jeune fille ſervait comme officier dans l'armée autrichienne ; ſon nom était *Franceſca Scanagetta*. Inſpirée dans ſa jeuneſſe par la lecture du Taſſe & déſireuſe d'imiter Clorinde, elle avait demandé à ſon père de la conduire à Vienne déguiſée en jeune homme. Celui-ci obtempéra à ſon vœu, & en 1794 elle entra, ſous le nom de Franceſco Scanagetta, à l'Académie militaire de Vienne. Ses études furent brillantes. Nommée porte-drapeau en 1797, elle remplit durant trois ans les fonctions de ſon grade ſans que perſonne ſe doutât jamais de ſon ſexe. Au bout de ce temps ſon père dévoila ſon ſecret ; alors elle fut congédiée avec une penſion & les honneurs dus à ſon énergie (1).

Pendant l'expédition dirigée ſur l'Irlande, au mois d'août 1798, pour aider à l'inſurrection de ce pays contre les Anglais (2), M. Moreau de Jonnès, alors officier d'artillerie, ſe trouva hériter d'un

relevons, autant dans les choſes que dans les mots & était un héritage du courant des idées de 1792 & 1793.

(1) En 1804 elle épouſa le capitaine Spini ; veuve en 1831, elle a vécu à Milan juſqu'au mois de février 1865. A cette dernière date elle comptait quatre-vingt-dix ans d'âge.

(2) Cette expédition d'Irlande prouve avec quelle facilité les Français ſe laiſſent entraîner à entreprendre légèrement une expédition ſans la munir même du ſtrict néceſſaire, & rappelle l'énergie déſaſtreuſe avec laquelle nos généraux veulent néanmoins que tout ſoit poſſible à des militaires français qui manquent de matériel & pour qui rien n'eſt prêt.

officier mourant, nommé de La Tour, d'un fils très-jeune qui l'avait ſuivi & qu'il le pria de ne pas abandonner. Après le paſſage du fleuve Shannon, à Balintra, & le combat de Ballinamuck qui s'enſuivit, les forces françaiſes défaites ſe trouvèrent dans la ſituation la plus critique, & l'on parla d'une reddition. Afin d'éviter le triſte ſort de devenir priſonnier de guerre, M. Moreau de Jonnès prit le parti de tenter de s'échapper; le jeune homme déclara qu'il le ſuivrait & auſſi pluſieurs de ſes artilleurs. Les voilà donc gagnant une chaîne de coteaux éloignés, en compagnie de cinq ſoldats, & avec l'intention de rejoindre le cours du Shannon, de le ſuivre juſqu'à ce qu'il devînt navigable, de trouver une barque, de s'y jeter & de gagner ainſi quelque navire aſſez fort pour tenir la mer. Arrivés ſur le bord du fleuve, ils rencontrèrent un batelier qui les paſſa de l'autre côté. A la nuit, au lieu de ſe cacher dans un bois fourré, ils ſe réfugient dans une grange placée ſur une éminence & s'y endorment après avoir eu ſoin de laiſſer une ſentinelle au dehors. Au jour une décharge de mouſqueterie réſonne dans la grange, la ſentinelle & les artilleurs ſont tués; M. Moreau de Jonnès et le jeune Henri de La Tour ſe blottiſſent dans le chaume qui couvre la grange & attendent le départ des ennemis. Ceux-ci éloignés, ils deſcendent de leur cachette, trouvent un pâtre occupé à dépouiller leurs compagnons morts, l'étendent à terre d'un coup de ſabre, & quittent à leur tour cette grange qui avait failli leur devenir funeſte. Ils atteigent bientôt les campagnes du Munſter, province appartenant à l'inſurrection & où ils rencontrent de la bienveillance & du pain chez les payſans. Mais un accident terrible les atteint; ils tombent tous deux dans un affreux bourbier, en ſe dirigeant vers la côte, & ne ſortent de ce vaſte *bog,* de cette véritable mer de boue, qu'après des efforts inouïs, en plantant leurs baïonnettes dans l'eſcarpement du haut duquel ils étaient tombés & en ſe ſoulevant peu à peu ſur ce frêle point d'appui. Une fois tirés de ce mauvais pas, ils n'ont plus rien, ni armes, ni vivres, ni munitions, ni papiers de ſervice; en outre, ils ſont couverts de boue & affreux à voir; pourtant ils ſe préſentent dans un château peu éloigné, & y reçoivent la plus généreuſe hoſpitalité. Comme il faut changer d'habits, vu le bain glacial qu'on vient de ſubir, force eſt au jeune Henri de La Tour de ſe confier à la maîtreſſe de maiſon, de lui déclarer qu'elle eſt femme & a revêtu les habits d'homme uniquement pour ſuivre ſon père malade : la transformation opérée, c'eſt donc *Henriette* de La Tour qui apparaît. Ainſi le jeune compagnon de M. Moreau de Jonnès, ainſi la perſonne qui venait de courir avec lui les dangers dont nous avons parlé, &

qui précédemment avait participé à l'expédition d'Irlande, ainſi celui qui venait de mettre au grand jour ſon courage, ſa préſence d'eſprit, ſon intelligence, ſes aptitudes militaires, en combattant, en ouvrant un avis, en *devinant* le terrain, en ſachant tirer parti des moindres particularités, celui-là même *était une femme;* c'eſt à ce titre que nous avons dû en parler dans ce livre (1).

L'Italie nous offre, tout à la fin du XVIIIe ſiècle, une guerrière en la perſonne d'une jeune fille d'Arezzo, *Alexandrine Mari,* maîtreſſe du miniſtre anglais Windham; cette Amazone (on peut l'appeler ainſi, car elle combattait toujours à cheval) prit part à l'inſurrection de ſa ville natale contre les Français (1799), & dirigea en perſonne les inſurgés à San-Donato, à Ponte & Borgo-ſan-Lorenzo. Lorſque nous eûmes évacué Florence, elle y entra ſolennellement à la tête des troupes qui avaient levé l'étendard contre notre domination.

Citons encore une femme françaiſe par ſon mariage, grecque d'origine, la première femme du général Augereau, laquelle mourut jeune; d'abord d'une ſanté brillante, elle avait accompagné ſon mari en Catalogne, montant à cheval,

(1) Liſez cet intéreſſant épiſode au tome II des *Aventures de guerre au temps de la République & du Conſulat*, par M. A. Moreau de Jonnès, membre de l'Inſtitut, Paris, 1858, p. 17 à 44.

tirant preſtement le piſtolet, donnant de fréquentes preuves de courage.

La nationalité de cette dernière héroïne me remet en mémoire les femmes qui ſe ſont illuſtrées dans les premières luttes de l'indépendance de la Grèce ; cela remonte à 1792. A ce milléſime, le 20 juillet, le fameux Ali, pacha de Janina, fut battu près de la ville de Souli, grâce ſurtout à l'intervention des femmes de cette cité. Ces femmes avaient pour chef une guerrière nommée *Moſcho,*

.... Qui portait en ce jour triomphant
Sur un bras ſon fuſil, ſur l'autre ſon enfant (1),

a dit M. Pierre Lebrun (2). Par malheur le frère de cet enfant ſe trouvait à Janina comme otage; le pacha fit crier à Moſcho, durant la mêlée, qu'il mettrait ce fils à mort ſi elle continuait ſon mouvement en avant, mais elle ripoſta fièrement qu'elle en ſaurait avoir un autre, ſoit par *réminiscence,* ſoit par *imitation* (à ſon inſu) de l'acte attribué à la comteſſe de Forli (3).

Onze ans plus tard, quatre jours après la priſe de Souli, par conſéquent le 16 décembre 1803, ſoixante femmes ſouliotes, pour échapper à

(1) Et le *tablier plein de cartouches,* dit une chanſon grecque.

(2) Le *Voyage de Grèce,* poëme, 1828, p. 63.

(3) Voyez précédemment notre chap. VI *(moyen âge)*, p. 115

l'efclavage, fe réunirent fur le haut d'un rocher, près de Zalongos, & là fe livrèrent à une ronde défefpérée ; à la fin de chaque tour l'une d'elles lançait fon enfant dans l'efpace, puis fe précipitait elle-même dans l'abîme ; la danfe funèbre & les chants qui l'accompagnaient durèrent ainfi jufqu'à la dernière. C'eft encore un genre d'héroïsme, & l'on ne peut le reprocher à celles qui s'y vouèrent, car leur localité venait d'être vaincue & il ne leur était plus poffible d'expofer leur vie fur un champ de bataille, en caufant au moins dans les rangs ennemis le plus de ravages poffible (1).

(1) Nous retrouverons les femmes grecques en notre chap. xiv, qui, embraffant les temps de 1815 à 1848, comprendra la dernière période de l'affranchiffement de la Grèce.

CHAPITRE XIII

GUERRES DE NAPOLÉON Ier

—

En ces guerres mémorables nous ne rencontrerons pas plus de femmes ſe vouant à la guerre que dans la période républicaine; c'eſt qu'en effet, ſi l'art militaire ſe perfectionne & atteint ſon apogée, l'enthouſiaſme, lui, s'uſe à force d'être trop tendu, & c'eſt l'enthouſiaſme qui crée les volontaires, ſurtout ceux de l'eſpèce particulière qui nous occupe en ces pages. Pluſieurs de nos héroïnes appartiendront d'ailleurs aux deux périodes, & telle qui aura combattu ſous les drapeaux républicains, plus propices à protéger des femmes parce que les règlements y étaient moins obſervés, continuera le port du fuſil & le maniement du ſabre dans les armées impériales mieux diſciplinées, parce que ſa réputation déjà faite mérite des égards, parce que la continuité & l'importance des guerres entrepriſes ne permettent guère de ſe priver des ſervices de ſoldats de mérite propres à servir d'exemple, pouvant même exciter l'enthousiasme dans les rangs; en effet, voir une femme courir bravement à l'ennemi, supporter la mitraille, faire elle-même le coup de feu, résister aux fatigues de la guerre, les prendre gaiement, exerce constamment un effet sympathique & entraîne sur ses pas, ne ferait-ce que par l'idée de lui être utile & de la protéger en cas d'accident.

Nous citerons en tête de ce chapitre Angélique Buck, non qu'elle prenne part en réalité à une action de guerre, mais c'est la première femme qui se trouve mêlée aux faits militaires du nouvel empire. Habitant le village d'Oberhaslach, où elle vient de mourir (le 15 juin 1870), cette fermière offre l'hospitalité en octobre 1805 à Napoléon Ier, alors occupé au siége d'Ulm & parcourant les alentours de cette place pour en resserrer le blocus & y cerner le feld-maréchal Mack : elle reçoit en cette circonstance, du souverain qui visite sa chaumière, une pièce d'or qu'elle conserva toute sa vie.

A la bataille d'Iéna un officier du 21e de ligne, gravement blessé, doit la vie à une cantinière de son régiment; il s'agit du capitaine de Mylius, mais on ignore le nom de sa libératrice. Devenu officier général, cet officier, fidèle au souvenir de cette femme courageuse & dévouée, institue (1863) un prix de cent francs en faveur de la cantinière de l'arme de l'infanterie qui ſe diſtingue le plus ſoit en ſecourant les bleſſés ***au milieu du feu de l'ennemi***, ſoit par un acte d'humanité, ou *expoſe ſa vie* en temps de paix, pour une action généreuſe; ce prix ſe décerne encore & figure à l'Annuaire militaire, comme tous les dons & legs faits à l'armée, comme une donation de cinq cents francs de rente faite par le même donateur au conſeil d'adminiſtration du 46e régiment d'infanterie de ligne, dans le but de fonder des prix à répartir chaque année entre les ſous-officiers & ſoldats du régiment.

Cette date de 1806 nous invite à ſignaler la reine Louiſe de Pruſſe (1) qui, au milieu de cette campagne, parut dans les rangs de l'armée pruſſienne en coſtume d'Amazone & vêtue de l'uniforme du régiment de dragons qui portait ſon nom. Ce ne fut pas en réalité une femme guerrière, car elle ne combattit pas, mais elle prit part à des événements militaires & figura ſur le champ de bataille. Napoléon Ier en cédant à la colère, comme il le faiſait trop ſouvent quand tout ne lui cédait pas, Napoléon, diſons-nous, parla de cette reine, dans ſon premier bulletin, en termes qui amusèrent le ſoldat français, mais

(1) C'eſt à cette princeſſe que ſont dédiés les intéreſſants *Mémoires ſur Sophie Charlotte*, reine de Pruſſe, lus par ERMAN à l'Académie de Berlin, & imprimés en 1801 dans cette ville par Starcke ſuivant le format in-8°.

manquaient de dignité. « Il femble voir Armide, dans fon égarement, mettant le feu à fon propre palais » : ainfi parlait le bulletin. La reine Louife agiffait par patriotifme, & le patriotifme eft honorable même chez fon ennemi. Si cette fouveraine eut des reproches à fe faire, & rien n'eft moins prouvé, la Providence la châtia rudement, car elle fuccomba en 1810, au milieu des revers de la Pruffe, accablée de chagrins & de fatigues. Berlin poffède encore un hofpice pour les filles pauvres fondé par elle, & l'ordre de Louife, inftitué en 1814 par fon époux, perpétue fon nom parmi les dames nobles (1).

Continuons à rechercher les femmes militaires qui fe font fignalées durant cette période.

Pendant notre expédition de 1808 dans le Portugal, le colonel du 27e de ligne reçut un coup de feu au milieu d'un combat de rencontre. Le venger fut l'affaire d'un inftant : on accabla l'ennemi, on le perça, on fe fit jour. Comme on fe retirait, un fergent de voltigeurs, fvelte & mince, s'écria : « Et le corps de notre colonel, il faut aller le chercher ; nous montrerons à l'ennemi de quel bois nous nous chauffons. » Il dit & entraîne avec lui deux braves foldats. La mort moiffonne en route ces derniers. Le fergent

(1) Nous confervons ce paffage tel qu'il était écrit avant la guerre de 1870-1871 contre l'Allemagne.

arrive ſeul, ſaiſit le cadavre du colonel & veut le charger ſur ſes épaules, mais impoſſible, il n'eſt pas aſſez robuſte des bras. Heureuſement deux cavaliers anglais paſſent. A leur vue le ſergent ſe met à faire du bruit. Les cavaliers l'aperçoivent & s'approchent. Dès qu'ils ſont à petite diſtance, il en tue un d'un coup de carabine, bleſſe l'autre avec ſa baïonnette & le renverſe de cheval; puis il ſaiſit l'une des montures, y hiſſe ſon colonel & revient triomphant à l'ambulance. Le colonel reſpirait encore; on le fait revenir, il ſera ſauvé. Quant au ſergent, ſa poitrine ruiſſelle de ſang; on le déshabille malgré ſa réſiſtance, & l'on s'aperçoit que c'eſt une femme (1). C'eſt, en effet, Virginie Gheſquières, du village de Deulémont, près Lille; elle ſert depuis ſix ans au lieu & place de ſon jeune frère tombé à la conſcription. On lui donne ſon congé &, en récompenſe de ſon dernier exploit, la croix de la Légion d'honneur accompagne ce glorieux témoignage de ſon honorable conduite (2).

Au ſiége de Saragoſſe, en février 1809, outre les femmes eſpagnoles qui s'aventuraient entre les murailles pour dépouiller nos morts, il y eut pluſieurs femmes attachées au ſervice des batteries. On cite particulièrement *Auguſtina,* mariée

(1) *Hiſtoire de Lille*, par VICTOR DERODE. 1848.

(2) Cette femme eſt morte en décembre 1867, âgée de près de cent ans, à la maiſon de refuge d'Iſſy.

à un caporal d'artillerie, employée à la même batterie que ſon mari, & très-habile à pointer. Mais toutes ces héroïnes cédaient le pas à une comteſſe de B*** qui, ſe multipliant, encourageait partout le ſoldat & ſemblait ſoutenir la défenſe comme une Bellone inſpirée. « Je voudrais bien, dit un témoin oculaire, me trouver en préſence de cette fière comteſſe, qu'on dit d'ailleurs belle & d'un grand caractère (1). »

Citons comme ayant pris part à nos guerres de 1808 & de 1809, ainſi qu'aux luttes qui ſuivirent, Philomèle-Aventurine-Aglaé Robidon, laquelle, née le 15 octobre 1792, épouſa le 20 janvier 1808, à ſeize ans, un cantinier du 1er voltigeurs nommé Rabot. Cette Amazone n'accomplit aucun fait militaire ſaillant, mais nous devons la citer pour ſa bienfaiſance; devenue riche par un ſecond mariage avec un boucher de la capitale (2), elle vécut à Paris juſqu'au mois de juillet 1869, conſacrant ſa fortune à des œuvres de charité, & bénie de tout un quartier qui l'avait ſurnommée la *mère Gigot,* parce qu'elle avait adopté ce ſingulier juron *nom d'un gigot,* qui cadrait aſſez avec la profeſſion de ſon ſecond mari.

(1) *Journal hiſtorique du ſiége de Saragoſſe,* ſuivi d'un coup d'œil ſur l'Andalouſie, par J. Daudebard de Férussac, chef de bataillon d'état-major, ex-ſous-préfet, etc., in-8°. Paris, 1816, chez Eymery, p. 63, 64.

(2) En 1814. Ce boucher s'appelait Barnabou.

Une des héroïnes de nos armées impériales d'Espagne & de Portugal, *Thérèse Figueur,* avait débuté sous la République. Engagée le 9 juillet 1793, à dix-neuf ans (1), dans la légion allobroge, sous le nom d'emprunt de *Sans-Gêne,* elle avait commencé son service de cavalier au siége de Toulon, & porté lestement les dépêches. Le général en chef Dugommier la traitait paternellement, les sergents Masséna & Junot lui donnaient une part de gigot cuit par leurs soins, le commandant Bonaparte la mettait à la garde du camp pour un retard de vingt-cinq minutes & en revanche elle le traitait de *moricaud* à la table même de l'état-major. Peu après elle se réhabilitait à ses yeux en portant, sous le feu de l'ennemi, des cartouches à la redoute des Deux-Moulins. Mais voici des exploits plus sérieux. Incorporée (4 avril 1794) dans les cadres de l'ancien régiment des dragons de Noailles, devenu le 15e de l'arme, elle se rend à l'armée des Pyrénées-Orientales commandée par Dugommier & coopère à nos efforts pour contenir l'armée espagnole de La Union qui venait d'envahir notre territoire. Mais subitement un arrêté du comité de salut public défend de conserver aucune femme dans les rangs actifs (cet arrêté seul, outre l'exemple de Thérèse Figueur, prouve qu'on en tolérait); heureuse-

(1) Née le 17 janvier 1774, à Talmay (Côte-d'Or).

ment, à la demande des officiers ſupérieurs & généraux de l'armée, on admet une exception en faveur de notre héroïne. Pour remerciement, elle pénètre l'un des premiers dans la fortereſſe de Figuières. Employée parmi les éclaireurs ſur la grande route de Gironne, elle tue, d'un coup de ſabre dans la gorge, un Eſpagnol qui l'avait ajuſtée, & conduit deux priſonniers au général Augereau dont elle reçoit un piſtolet en échange de ſa carabine briſée dans une chute : elle ſauve enſuite le général Noguez abandonné comme bleſſé &, au paſſage d'un torrent, affluent de la Fluvia, retire de l'eau pluſieurs ſoldats entraînés & qui allaient ſe noyer (1). Elle eut auſſi dans cette campagne deux chevaux tués ſous elle ; le fait eſt officiel. Des Pyrénées elle gagne l'Italie avec ſon régiment, mais pour tenir garniſon ſeulement dans les places du Milanais ; pendant la campagne d'Egypte elle demeure au dépôt de ſon corps, & paſſe bientôt avec lui dans le 9e de l'arme. Ce 9e eſt envoyé faire le ſervice de place entre Milan & Lodi. Là près de Buſca, après une malheureuſe affaire, elle ramène ſur ſon cheval un carabinier dont la cuiſſe venait d'être fracturée par un biſcaïen, & le conduit à l'hôpital ; mais au ſortir de cet hôpital, des huſſards autrichiens la ſaiſiſſent & l'enferment dans un corps

(1) Les états de ſervice de Thérèſe Figueur mentionnent ces deux faits honorables.

de garde : heureufement il fe trouvait en face un hôtel appartenant à un comte italien chez lequel elle avait été reçue précédemment ; elle profite d'un inftant où la furveillance à fon égard faiblit, s'échappe, pénètre dans l'hôtel, y reçoit la plus généreufe hofpitalité, & en fort bientôt habillée en femme fans qu'aucun de fes adverfaires s'avife de la reconnaître fous ce nouveau coftume. Le lendemain elle affifte à une affaire de fa divifion, y perd les papiers officiels parce que fon cheval, bleffé d'un coup de feu, lui refufe le fervice, mais parvient à rentrer dans Bufca, & à remercier fon libérateur qui lui fait cadeau d'une jolie jument ifabelle. Hélas ! cette jument qui fit fa joie fut traverfée d'un bifcaïen le lendemain à la bataille de Savigliano (13 brumaire an VIII) : ajoutons qu'elle reçut elle-même quatre coups de fabre dans le dos & devint prifonnière ; enfermée avec deux cents autres captifs dans une chapelle humide, elle entendit de là des payfans forcenés qui réclamaient la *femme foldat* pour la brûler comme forcière, mais on l'affuble d'un coftume de vivandière & on la fait paffer pour telle. Comme on lui laiffait prendre l'air parfois au dehors, avec les autres prifonniers, elle vit une fois le prince Charles (1) qui, l'apercevant, lui dit : « Vous avez pris du fervice bien jeune,

(1) L'archiduc Charles, celui qui nous combattit à Effling & à Wagram.

mon ami, mais prenez patience, la paix viendra & vous ſerez échangé. » En effet, peu de jours après elle eſt reconnue par un domeſtique du prince de Ligne, originaire auſſi de la Bourgogne, & conduite près du prince, qui lui fait raconter ſon hiſtoire. Quand ce perſonnage apprend que le dragon Sans-Gêne eſt une femme, il raſſemble tous ſes amis, & la leur montre, diſant : « Connaiſſez-vous rien de ſemblable ? une femme ? Il n'y a pour une telle choſe que ces diables de Français ! » En outre, il traite bien ſa protégée, la fait repoſer, habiller, & qui mieux eſt, obtient ſon échange. La mauvaiſe étoile de notre guerrière voulut qu'elle fût dépouillée par les huſſards autrichiens chargés de la conduire aux avant-poſtes français, mais elle ne s'en plaignit pas tant la liberté parut douce à ſon caractère libre & enjoué après vingt jours de captivité. Après ces événements Thérèſe Figueur rejoignit à Embrun ſon chef d'eſcadron, &, le 19 janvier 1800, quitta le 9ᵉ régiment de dragons pour rentrer à l'eſcadron complémentaire de ſon ancien corps. Fatiguée, preſque mourante, elle ſuivit le conſeil de ſes amis, ſollicita une penſion & obtint à ce titre & « pour récompenſe de *ſa conduite diſtinguée* aux armées des Pyrénées-Orientales & d'Italie (1) » 200 fr. par an le 16 ſeptembre 1800;

(1) Expreſſions du brevet de penſion délivré à Paris le 29 fructidor an VIII & ſigné Bonaparte.

ſon congé abſolu lui fut accordé le 29 octobre ſuivant. Elle s'établit à Montélimart, puis à Châlons-ſur-Saône ; revenue à la ſanté par une hoſpitalité de dix mois chez le maire de cette dernière ville (1), elle ſe rendit à Paris, au mois de juin 1802, pour demander une augmentation à ſa penſion. Peu faite pour le métier de ſolliciteuſe, & voyant ſes forces revenues, elle reprit du ſervice dans le 9ᵉ dragons alors à Paris & dont Horace Sebaſtiani (2) ſe trouvait alors le colonel. Cet officier ſupérieur fut gracieux pour elle, la fit admettre à la table des lieutenants, paya ſon logement garni & annonça au régiment la rentrée de Sans-Gène qui avait été, dit-il, l'*honneur & le charme* du corps. C'était, ſuivant la mode du temps, un compliment à la grecque, tout claſſique, très-digne. Grâce à une pareille réception, Thérèſe Figueur eut alors une véritable vogue dans le monde pariſien. On la préſenta même à Mᵐᵉ Bonaparte, femme du premier Conſul. Elle arriva en uniforme, ſur un cheval fougueux, &, le maniant avec adreſſe, ſe fit admirer de toutes les dames habitant le château de Saint-Cloud. « Que vous êtes heureuſe d'être brave, lui dit Joſéphine, de n'avoir peur ni d'un cheval, ni du canon ! » La future impératrice faiſait

(1) M. Boiſſeleau.

(2) Depuis maréchal de France.

allufion à fon impreffionabilité, à fa véritable maladie d'être peureufe. Le premier Conful fe rappela l'épifode du fiége de Toulon : « Eh bien, monfieur Sans-Gêne, articula-t-il, fuis-je toujours auffi laid & mérité-je encore le fobriquet de Moricaud? » D'abord interdite, notre guerrière, défendue d'ailleurs par Joféphine & Hortenfe de Beauharnais, préfente à cette fcène, répondit enfin : « Puifque le général a bonne mémoire, il n'aura pas oublié qu'au fiége de Toulon, j'ai fu porter des cartouches. — Certes », reprit le futur dominateur du monde, & prenant fon ton le plus férieux, il ajouta : « Mlle Figueur eft un brave. » Dans fa bouche c'était un éloge de prix. Bonaparte voulut auffi attacher Sans-Gêne à fa femme, en qualité de femme de chambre; mais le goût d'une liberté aventureufe en décida autrement : au bout de dix jours notre dragon s'ennuya à Saint-Cloud, déferta le château fans avertir perfonne, & revint prendre du fervice au 9e, où il fut reçu à bras ouverts.

Tel était le foldat féminin que la République françaife léguait à l'Empire. Sous le nouveau régime, ce foldat fe montra digne de fa vieille & intacte réputation. Nous le retrouvons combattant fous les murs d'Ulm & y pénétrant couvert de boue & la figure noire de poudre. Il affifte à la bataille d'Aufterlitz, puis, l'année fuivante, à celle d'Iéna. Comme fa fanté déclinait, on le renvoie à Paris; il y tombe malade & se voit obligé d'entrer à l'hospice de la Charité, où il rencontre la guérison. Après dix-huit mois passés sans sortir de la chambre, les forces reviennent tout à fait, & avec elle le goût des voyages & des horions. Elle entend parler de l'Espagne où nous faisions déjà la guerre, elle part pour ce pays. Burgos atteint, elle y fait le service de la place & contribue à maintenir les communications des Français avec Valladolid & Vittoria, en attendant qu'elle puisse gagner Séville où stationne son corps. Là, sa carrière militaire se termina brusquement & d'une façon désagréable; à la fin de juillet 1812 elle tomba, par une promenade imprudente, aux mains d'une bande du fameux Mérino, ne conserva la vie qu'en souvenir des charités dictées précédemment dans ce même pays par son cœur charitable, fut conduite à Lisbonne, de là en Angleterre; elle fut internée, dans ce dernier pays, comme prisonnier de guerre, à Bolderwood. Elle revint en France en 1814 & s'y maria avec un maréchal des logis de la gendarmerie des chasses, nommé Sutter, qu'elle avait connu enfant & toujours aimé (1). De tous les certificats délivrés à cette femme intrépide, digne à tous égards de figurer

(1) Consultez *les Campagnes de Mlle Thérèse Figueur*, aujourd'hui Mme veuve Sutter, ex-dragon aux 15e & 9e régiments, de 1793 à 1815, écrites sous sa dictée par SAINT-GERMAIN LEDUC. Paris, 1842.

honorablement dans ce livre, nous citerons les trois ſuivants : « Je certifie que le dragon Sans-Gêne à fait ſous mes ordres la guerre des Pyrénées-Orientales, que dans plus d'une occaſion elle a donné des preuves d'un courage au-deſſus de ſon ſexe. *Signé* AUGEREAU. » — « Le général de diviſion Lemoine atteſte que les ſervices du dragon Sans-Gêne lui ont, dans tous les temps, mérité des éloges des officiers généraux & l'admiration de toute l'armée. » — « Le conſeil d'adminiſtration de l'eſcadron complémentaire du 15ᵉ régiment de dragons certifie à tous qu'il appartiendra que la nommée Thérèſe Figueur, dite *Sans-Gêne*..., a donné des preuves de courage. Son dévouement, ſa bravoure peu ordinaires, *même parmi les hommes*, la rendent recommandable, & le conſeil d'adminiſtration la recommande à toutes les autorités civiles & militaires auxquelles elle ſe préſentera. » — Son *état de ſervice*, à la date du 21 fructidor an IX (9 ſeptembre 1801), ſe réſume ainſi : *neuf* campagnes, *deux* bleſſures, dont une au ſein gauche, *trois* chevaux tués ſous elle (1). Ne quittons pas l'eſquiſſe biographique de cette vigoureuſe guerrière, ſans mettre en relief

(1) Le cheval qui, bleſſé, lui refuſe le ſervice avant la bataille de Savigliano & lorſqu'elle a charge des papiers officiels, ne ſuccomba pas; c'eſt pourquoi l'état des ſervices cité plus loin mentionne ſeulement *trois* chevaux tués ſous elle. Cette remarque a pour but de mettre en évidence notre déſir d'être exact & le ſoin que nous apportons à la rédaction de l'*Hiſtoire militaire des Femmes*.

ſon caractère gai, pétulant, ſa prédilection pour le rire, les bons tours; elle jouait de groſſes farces à tout le monde, & mettait ſouvent en révolution les maiſons de campagne où l'admettaient ſes amis puiſſants; mais ſi elle était au repos comme en guerre pour le tapage & les aventures, elle poſſédait également des qualités ſolides, leſquelles vont bien au courage, la franchiſe, la droiture & une certaine indépendance qui ne gâte jamais rien & ſied toujours à une femme, ſurtout à une Françaiſe.

Nous retrouvons dans la campagne de Ruſſie, ſous Smolensk & à la bataille de la Moſcowa, une guerrière ruſſe, qui déjà, en 1807, avait fait contre nous la campagne de Pruſſe & figuré dans les combats de Gutſtadt & de Halsberg, de même qu'en 1813 elle ſe diſtingua aux ſièges de Modlin & de Hambourg. Il s'agit de la demoiſelle *Nadejda Dourova* entrée au ſervice à quatorze ans, retraitée à vingt-quatre ans en 1817 (1). — Dans cette même campagne, deux vivandières françaiſes ſauvèrent chacune un général; l'hiſtoire n'a pas conſervé leur nom, mais, par une bizarrerie, elle a gardé les noms des ſauvés : ce ſont les généraux Ornano & Ledru des Eſſarts. — Une troiſième cantinière françaiſe, Joſéphine *Trinquart,* appartenant au 63e de ligne, voyant un

(1) Morte en 1866, à Yelabouga (gouvernement de Viatka).

chef de bataillon bleſſé, entraîna trois ſoldats pour relever & ramener cet officier ſupérieur, mais elle parvint ſeule juſqu'au bleſſé, ſes trois compagnons ayant été tués. Alors elle voulut charger le commandant ſur ſes épaules, mais ſes forces la trahirent. Elle héla deux cavaliers ennemis, tua l'un d'un coup de piſtolet, déſarçonna l'autre d'un coup de baïonnette, réuſſit à mettre ſon officier à peu près en ſelle ou couché ſur l'une des montures, & revint avec lui à l'ambulance. Cet acte ſingulier de préſence d'eſprit & de courage (1) valut la croix d'honneur à ſon auteur, morte récemment à Montreuil (2).

A la guerre de 1813 appartient la *ſœur Marthe* (3), née en 1748, morte en 1824, à Beſançon. Entrée fort jeune au couvent comme ſœur converſe, chaſſée de ſon aſile par la Révolution, elle mit au ſecours des malheureux & des priſonniers ſa ſanté de payſanne & l'énergie de ſon caractère. Les élans de ſa charité trouvent du pain pour les pauvres (4), ſon courage lui fait ſauver des enfants ſoit d'un incendie, ſoit des dangers offerts par les eaux du Doubs. Quant

(1) C'eſt la *répétition* de l'acte précédemment accompli par Virginie Gheſquières (voyez ci-deſſus p. 243), & j'aurais pu, à ce titre, en parler dans le mémoire relatif aux *Imitations militaires*, cité p. 167.

(2) En mars 1872, mais non centenaire, car elle comptait vingt ans environ en 1812.

(3) Anne Biget.

(4) Surtout pendant la famine de 1817.

aux prisonniers, elle les soigne & en grand nombre, qu'ils soient Espagnols ou Anglais. Sur les champs de bataille, les blessés la voient accourir avec joie, & on l'y appelle dans toutes les langues. Tant de dévouement fit placer son portrait dans une des salles du ministère de la guerre, la plupart des souverains de l'Europe se plurent à la gratifier d'un signe honorifique; mais, des récompenses terrestres, la plus douce à ses yeux était son crédit, la considération dont elle se trouvait entourée, & qu'elle savait, avec des formes brusques & impérieuses, faire tourner au profit de sa nombreuse clientèle.

Parmi les blessés de Waterloo figure une femme morte récemment à l'hospice de la Vieillesse, âgée de cent quatre ans; portant le nom de *Mailletet,* & cantinière de sa profession, elle avait fait le tour de l'Europe avec nos grenadiers.

Citons enfin, parmi les femmes guerrières du premier empire, *Angélique Brulon.* Mariée de bonne heure à un sergent des gardes françaises, bientôt sergent au 42e, l'héroïne dont nous parlons affectait déjà comme femme des allures spéciales, & son casaquin de drap bleu prenait assez la rigidité de l'uniforme militaire. Son époux ayant été tué en 1793, dans une émeute survenue en la cité d'Ajaccio, par l'effet d'une vendetta qui profita de cette lutte pour s'accomplir & le punir de s'opposer au mariage d'une amie de sa femme avec le traître qui le mit à mort, elle prit, deux jours après ce trifte événement, les habits du défunt, en ayant foin d'en découdre les galons, & alla fe placer dans les rangs. Le capitaine lui adreffa des obfervations : « Non, dit-elle, laiffez-moi avec les camarades de Brulon; je ferai un inférieur foumis & faurai pourfuivre & combattre les affaffins. — Eh bien! reftez, *foldat Brulon,* & foyez des nôtres », reprit l'officier en fouriant, mais à part lui il ajouta : « Sa folie eft douce, cette fantaifie paffera. » Elle ne paffa pas. La veuve Brulon fit fon fervice, & bientôt on put la furnommer *le caporal Liberté.* Son vifage imberbe, fa voix douce la faifaient paraître très-jeune fous le coftume mafculin; mais elle poffédait une aifance de mouvements qui laiffait croire que c'était un jeune homme. Son intelligence, fa réfolution, fon énergie, apparurent furtout lors du débarquement des Anglais; elle aida à l'évacuation de la citadelle d'Ajaccio par les quelques foldats français qui s'y trouvaient encore, & à leur marche nocturne vers Calvi où fe trouvait un repréfentant du peuple (1). Lors de fon arrivée dans cette dernière ville, elle fut prife, en raifon d'un retard dans fa marche, pour un autre caporal qui avait trahi, & au moment d'être fufillée; heureufement l'erreur fut reconnue

(1) Lacombe Saint-Michel.

avant l'accompliſſement de la triſte cérémonie, grâce à un ami de ſon mari qui rappela que c'était la veuve du ſergent Brulon & non le caporal incriminé. En compenſation & pour récompenſer ſa conduite, on la nomma ſergent. C'eſt pourvue de ce grade qu'elle contribua à la défenſe du fort Geſco qui dominait la baſſe ville & le faubourg de Calvi. Placée dans le ſervice de l'artillerie, vu le manque de ſoldats ſpéciaux, elle s'y mit avec dévouement, ayant près d'elle ſa petite fille, âgée de deux ans, laquelle jouait au milieu des affûts & des boulets, à la condition de rentrer dans une cachette offerte par la muraille dès que l'aſſiégeant recommençait ſon feu. Quand les munitions des défenſeurs s'épuiſèrent, quand leur tir ſe ralentit, un aſſaut eut lieu par la brèche déjà exiſtante; Liberté, armée d'une hache, frappait à coups redoublés, & plus d'un adverſaire fut précipité par elle dans le foſſé, juſqu'au moment où un ſtylet lancé avec adreſſe l'atteignit au bras droit. « Bah! dit-elle, ce n'eſt qu'une égratignure, je n'ai que pour trois jours ſeulement à reſter l'arme au pied. » Bleſſée, on trouva moyen de l'utiliſer. Revêtue de ſes habits de femme (il fallut vaincre ſa répugnance pour les lui faire reprendre), elle ſortit du fort, & ſe rendit ſecrètement dans la ville, afin d'y chercher un fourgon chargé de munitions. Au lieu de ramener le fourgon, ce qui eût offert des difficultés dans une opération cachée, elle prit avec elle un groupe de soixante femmes corses, dont chacune portait des paquets de cartouches, &, courant sous le feu ennemi qui éclata dès que cette manœuvre fut aperçue, elle parvint jusqu'au fort Gesco, & y pénétra avec ses compagnes. On put recommencer le feu, mais cela dura deux jours à peine. Le fort abandonné, nos défenseurs se concentrèrent dans la ville ; après une nouvelle défense, prolongée autant que possible, Calvi se rendit. Les Français obtinrent d'être ramenés à Toulon, & le sergent Liberté eut la satisfaction de rapatrier sa compagnie en France, ses officiers ayant été tués ou se trouvant à l'ambulance ; elle rapportait, il est vrai, pour dernier souvenir de son héroïsme une blessure à la jambe reçue pendant ces derniers jours. La veuve Brulon prit ensuite part aux dernières campagnes de la République & aux diverses guerres de l'Empire, s'y distingua & reçut cinq autres blessures. Louis XVIII la créa *sous-lieutenant honoraire* &, en 1851, elle reçut des mains du chef de l'État la décoration de chevalier de la Légion d'honneur. Son décès remonte à l'année 1862 & eut lieu à l'hôtel des Invalides, où l'on lisait sur la porte de sa chambre :

MADAME VEUVE BRULON
officier.

Le 3 avril 1814, au fiége de Sens par les alliés, plufieurs habitants ayant été pris les armes à la main, l'ennemi réfolut, auffitôt la reddition, de paffer la ville entière au fil de l'épée. Alors la femme d'un négociant, Mme Bénard, fe leva &, malgré les fupplications de fon époux & de fes enfants, fortit de la cité, marcha au travers des balles & des obus qui pleuvaient, atteignit la tente du prince de Wurtemberg & fe jeta à fes genoux; frappé du courage & du fang-froid de cette héroïne, le prince accorda fon pardon à la ville. Le gouvernement royal de France félicita Mme Bénard & lui adreffa, comme fouvenir, la collection des médailles de nos fouverains; cette collection a depuis été offerte par fa famille à la bibliothèque de la ville de Sens.

CHAPITRE XIV

PÉRIODE DE 1815 A 1848

—

La Reſtauration s'ouvre par un trait de dévouement féminin qui, ſans ſe paſſer à la guerre, annonce une réſolution & une perſévérance viriles ; Mme de Lavalette ſauve ſon mari empriſonné. Ce beau trait, qui fit alors grand bruit, eſt une imitation de celui de Chelonis, femme de Théopompe (1).

Les guerres de 1815 à 1830 nous offrent peu à glaner.

Nous rencontrons cependant, à la date de 1821, une Grecque du nom de *Bobolina,* devenue veuve en 1812, par l'exécution de ſon mari jugé coupable d'entretenir des relations avec Ali, & ayant juré aux Turcs une haine éternelle; cette

(1) C'eſt Polyen qui le cite; voyez cet auteur au § 34 de ſon livre VIII, & ci-deſſus la page 41 de ce volume.

femme prend alors une part active au siége de Tripolitza (1821), & illustre son nom par des actions d'éclat. Elle appuie ensuite avec une flotte le blocus de Nauplie, de Romanie, & se distingue dans les divers combats livrés dans l'Argolide. Malheureusement elle succombe en 1825 dans une rixe.

N'est-ce pas également à ces temps qu'appartient *Constance Zacharias,* femme originaire de Mistra (1), laquelle se mit à cette époque à planter un drapeau devant sa maison, à enrôler des paysans, à marcher à leur tête sur Londari, à incendier cette localité, & à se porter avec sa troupe improvisée sous les murs de Tripolitza?

Les luttes de l'indépendance hellénique fournissent d'autres traits à notre travail historique.

On rapporte, par exemple, à la date de 1822, le fait de cette femme qui, pour se délivrer des Turcs venant, au mépris d'une capitulation, massacrer des blessés & des prêtres réfugiés dans une église, mit résolûment le feu à un tonneau de poudre & fit sauter avec elle amis & ennemis.

Quand, chassés par la faim, les Hellènes sortent de Missolonghi dans la nuit du 10 au 11 (22 au 23) avril 1826, ils emmènent au milieu d'eux deux mille femmes & enfants, puis, en se faisant jour, se voyant dans l'impossibilité de sau-

(1) Son père avait été empalé par les Turcs.

ver tous ces objets et gages de leur tendreſſe, ils en maſſacrent eux-mêmes le plus grand nombre, afin de les ſouſtraire aux miſères, aux hontes de l'eſclavage. Ecoutons un témoin oculaire : « Après avoir répandu le ſang de tant de victimes, nous dit-il, les femmes & enfants que l'on put arracher aux baïonnettes de l'infanterie & aux ſabres de la cavalerie furent placés au milieu de la première colonne qui eſſuyait le feu d'une fuſillade continuelle. La mêlée était alors horrible, & pour l'accroître la cavalerie arabe (celle d'Ibrahim-Pacha) s'avance ; les Hellènes en font un affreux carnage. Ils s'emparent de quantité de chevaux dont ils ont fait tomber les maîtres; là, plus d'une autre Judith coupa la tête d'un Holopherne iſlamite (1) ; les femmes belliqueuſes de Souli ſabrent une foule d'Arabes, les renverſent de leurs chevaux & les montent elles-mêmes (2). »

Le même auteur nous ſignale la guerrière Modena Mavrogénie qui combattait également du côté des Grecs (3).

Nous rencontrons deux femmes grecques

(1) L'image manque de juſteſſe.

(2) *Campagne d'un jeune Français en Grèce*, par Schack. Paris, 1827, chez Didot, p. 139.

(3) Les enfants ſe mêlent auſſi à cette lutte & dans l'âge le plus tendre. Dans les *Souvenirs de la Morée*, de Maugeart (Paris, 1833, chez Igonette, p. 280), on voit un enfant grec, *âgé de trois ans*, qui met, pendant la défenſe de Miſſolonghi, le feu à une pièce d'artillerie chargée par ſon père (ce dernier fut tué bientôt). L'hiſtoire n'a pas conſervé le nom de ce petit héros.

citées dans le mémoire du colonel Voutier, *Madon* & *Chaïdo*. La première parcourt l'île de Myconi, alors que deux cents Algériens y débarquent, inſpire ſon enthouſiaſme à ſes compatriotes, les porte à ſe défendre, & refuſe de ſe marier ſi ce n'eſt à un *homme libre*. La ſeconde ſe jetait dans la mêlée & y combattait avec réſolution. Ses coups étaient ſûrs; trois anneaux turcs qu'elle portait prouvaient qu'elle avait tué trois ennemis. On rapporte d'elle un trait ſublime: dans une action, ſon mari vient d'être tué & autour d'elle tous héſitent, mais elle, d'un regard, cloue chacun à ſon poſte, jette ſon tablier ſur le corps de ſon mari, s'élance contre l'ennemi & achève la victoire. L'hiſtorien doit le dire, un homme n'eût pas mieux fait.

Ces femmes ne furent pas les ſeules à ſe ſignaler par les armes, puiſque les Grecs avaient accordé des prérogatives aux femmes les plus courageuſes, par exemple celle de faire abreuver ſon troupeau le premier ou de voir tout le monde s'écarter quand elles venaient puiſer de l'eau à la fontaine.

De la Grèce paſſons à un pays qui appartient à la religion de Boudha, à la Birmanie.

Lors de la campagne de ſir A. Campbell contre le roi de Burma (vers 1824), au moment où le corps du vieux prince birman Mohanemiow vient de défaire le capitaine Macdowel, on comptait parmi les troupes choisies du chef indien trois Amazones, d'une grande naissance, fort jolies & auxquelles la crédulité indienne prêtait le pouvoir magique de détourner, en les charmant, les boulets anglais. Vêtues en partie comme les hommes, elles parcouraient le camp des Birmans, &, par leur discours, cherchaient à insuffler le courage aux combattants. A l'attaque de ce camp par les Anglais, le 30 novembre, elles continuèrent leur rôle au milieu du carnage & le remplirent si bien que l'une d'elles succomba; leur dévouement n'empêcha pas la déroute des leurs.

On se rappelle le grand soulèvement polonais, conséquence de notre révolution de 1830; alors finit une héroïne polonaise nommée *Emilie Plater* (1), appartenant à la famille noble de ce nom & ayant donné les preuves d'une grande énergie. Née en 1806, élevée par une parente, Mme de Sieberg, dans le domaine livonien de Lixna, ayant refusé par patriotisme d'épouser un général russe, elle avait pris les armes dès les débuts du soulèvement, réuni 600 hommes & tenté de surprendre la forteresse de Dunabourg; malgré un combat heureux livré le 2 avril 1831 & dans lequel la victoire lui resta, il lui fallut,

(1) *Emilie Plater, sa vie & sa mort*, par STRASZEWIZ, avec préface de Ballanche, 1834, Paris, in-8°.

devant des forces ſupérieures, renoncer à ſes projets. Inveſtie du grade de capitaine-commandant dans le régiment de Lithuanie, elle reçut la miſſion de défendre Kowno & le fit avec une rare intrépidité, à la date du 25 juin. Elle ſe fraya enſuite un chemin au travers des troupes ruſſes, le ſabre à la main. Alors, pourſuivie par les Coſaques, elle gagna la Pruſſe et, après dix jours de marche, tomba malade dans un village, où elle mourut de douleur en apprenant le triſte ſort de la capitale de ſa bien-aimée patrie. Toujours habillée en homme, elle inſpirait à ſes troupes le plus grand reſpect, dû certainement à ſes actions, mais également à un enſemble mélancolique & myſtérieux, qui en impoſait. Elle avait transformé en aide de camp ſa dame de compagnie, Marie Raſnanowiez, laquelle ſe tirait au mieux, ſous ſa direction, de ſon rôle militaire.

Le ſiége d'Anvers (1832) a ſon Amazone, ſi l'on en croit (1) la relation de Richemont (2). Citons un extrait de cette relation : « La citadelle ne montrait que des mines fumantes, peu d'inſtants avant la capitulation; ſa ceinture était encore animée de la vie du canon, mais la place d'armes était déſerte, & le peuple ſouterrain qui nous combattait était inviſible pour nous. La

(1) Celle du général Lamare (p. 21) dément le fait.

(2) Siége de la citadelle d'Anvers, in-8°, Paris, 1833, p. 154.

brèche s'ouvrait rapidement, & les objets de rempliſſage étaient près du foſſé. Les compagnies déſignées pour monter à l'aſſaut ſe concentraient ſur Berchem. Nos intrépides mineurs travaillaient ſous une pluie de balles; une femme les encourageait. Frappée d'un éclat d'obus à la tête, elle refuſe de quitter ce poſte périlleux : les bleſſés reçoivent les premiers ſecours de ſes mains généreuſes; elle continue à diſtribuer des rafraîchiſſements & des exhortations à nos hommes. Près de cette femme intrépide qui chante gaiement au milieu du carnage, furent frappés à mort le chef d'eſcadron Gannal, le capitaine Grandſire & un canonnier; un ſous-chef d'état-major tomba auſſi en ſa préſence. »

Abordons maintenant les luttes de la conquête de l'Algérie compriſes entre 1830 & 1848.

Parmi les femmes qui prirent part à l'expédition d'Afrique, il nous faut citer Catherine Rohmer (1). Mariée en ſecondes noces (1825), à un ſergent-major du génie (2), elle le ſuit, &, fait curieux, ſes huit fils l'accompagnent. Elle aſſiſte aux priſes d'Alger, de Bone, de Maſcara, d'Oran, de Conſtantine. Au ſiége de cette dernière ville elle perd ſon ſecond mari & deux de ſes fils; l'un était tambour-major, l'autre chef de muſique. Il

(1) Née à Colmar, en 1783.

(2) Antoine Varin.

lui reſtait encore ſix fils, tous préſents à l'armée d'Afrique. On ne ſaurait trop citer l'énergie d'une femme qui paye ainſi de ſa perſonne (elle fut bleſſée de deux coups de feu, reçu l'un à Bougie, l'autre à l'affaire de la maiſon carrée), on ne ſaurait trop louer le dévouement patriotique d'une mère qui voit ſans ſourciller que ſes huit fils ſont ſoldats. Cette héroïne était vivandière comme ſa mère. Elle avait débuté dans les camps ; ſous ſes yeux ſon père, ſergent, était mort à la priſe de Calabre, & un boulet, à la bataille de Fleurus, avait emporté la tête de ſa mère. A dix-neuf ans elle avait épouſé François Girard, tambour-major de la 62e demi-brigade. Incorporée dans la diviſion Donnadieu, elle aſſiſtait à la priſe de Saragoſſe, entrait en Portugal, revenait à Barcelone. Déjà ſes huit fils étaient nés & tous étaient enfants de troupe. D'Eſpagne elle courait avec ſon régiment à Wagram, & recevait dans cette journée un coup de lance. Elle tenait enſuite garniſon à Vienne. De Vienne elle ſe rendait à Naples. Après pluſieurs mois paſſés en Italie le ſort la renvoyait en Eſpagne. On ne pouvait prendre, à ce qu'il paraît, Girone ſans elle ; elle ſe diſtinguait en portant ſecours aux bleſſés, elle ſaiſiſſait un fuſil, faiſait le coup de feu, donnait l'exemple avec autant de calme que de réſolution ; à la ſuite de cette conquête, ſon mari obtenait la décoration. De Girone elle partait pour la Ruſſie.

(quelle odyssée!) traversait Varsovie, Cracovie, atteignait Moscou : elle résistait à tout, même aux désastres de la Bérésina. De retour en France, on réorganisait son régiment. La campagne de France, en 1814, la comptait encore parmi ses acteurs les plus intrépides; on la remarquait à Châlons, à Troyes, à Bar-sur-Aube, à Brienne. Elle assistait aux adieux de Fontainebleau, elle faisait partie du petit bataillon de l'île d'Elbe. L'année suivante elle assistait à la bataille de Waterloo. Peu après son mari devenait adjudant d'artillerie. En 1823 elle le suivait pour la seconde fois en Espagne; mais un coup de feu abattait ce brave entre Barcelone & Gracia. Ce fut deux ans après ce grave événement de sa vie militaire qu'elle devint Mme Varin & bientôt guerrière africaine (1). Quelle vie active, & combien peu des Amazones de l'antiquité ont accompli autant d'actions de guerre! Ajoutons que cette vaillante femme vécut & mourut pauvre, dans un âge avancé, à Colmar.

Dans les premiers jours de novembre 1839 une médaille d'honneur fut accordée à la dame *Racine,* cantinière au 2e régiment de chasseurs d'Afrique, « pour avoir, dans les nombreuses expé-

(1) On compte souvent parmi les femmes qui ont pris part à notre expédition d'Alger, en 1830, une vivandière nommée *Thérèse Jourdan,* dont la carrière ressemble beaucoup, sauf en ce qui concerne le nombre des enfants, à celle de Catherine Rohmer.

ditions auxquelles ſon corps a pris part, montré un admirable dévouement en ſecourant les ſoldats bleſſés juſque ſous le feu de l'ennemi & en prodiguant à tous les ſoins & la conſolation (1) ». C'eſt bien là le rôle qui convient à la guerre aux femmes, ſurtout à celles dont la profeſſion implique la préſence continuelle au milieu des troupes ; nous citons cette vivandière parce qu'elle a mieux fait ſous ce rapport que les autres; la récompenſe dont elle fut l'objet le prouve.

Le premier nom qui ſe préſente enſuite à nous eſt celui de la cantinière Perrot, qui fut bleſſée en Algérie dans pluſieurs actions & mérita la croix de la Légion d'honneur, récompenſe rare pour une femme : c'était un combattant valeureux & dévoué juſqu'à l'héroïſme (2).

En 1868, habitait à Angers une vieille femme qui avait, durant la période de 1815 à 1848, ſervi ſept ans dans l'armée par ſuite d'une erreur de ſexe; la garniſon de cette ville pourvoyait à ſa nourriture en lui donnant chaque jour une portion renfermée dans une petite gamelle.

Pour ce qui eſt des femmes arabes, on les croit en général réduites à un rôle infime, dé-

(1) Rapport au roi, par le miniſtre de l'intérieur.

(2) Retirée à Nantes, où elle devint veuve, la *chevalière* Perrot ſuccomba le 11 avril 1863, & fut enterrée avec les honneurs militaires dus aux membres de la Légion d'honneur.

pendant, d'une ſujétion continuelle & complète au mari : c'eſt une erreur. Non-ſeulement elles ſont conſultées dans les petites altercations qui naiſſent au ſein des tribus, & prononcent le plus ſouvent avec rectitude d'eſprit un jugement très-convenable, mais elles forment une opinion publique & ſavent très-bien, quand il y a guerre, exiger de leurs époux qu'on venge les frères morts & que l'on obtienne quelque avantage avant de conclure la paix : le fait ſe produiſit plus d'une fois, de 1840 à 1848, pendant le plus fort de nos luttes en Algérie (1). On en vit même alors exciter la haine des indigènes contre les Français & les pouſſer à la rébellion par l'influence de leurs conſeils. « Dans un des combats les plus rudes que mes gens de la frontière, raconte un chef de bureau arabe, aient eu à ſoutenir contre les Khiroum, *une des premières victimes, parmi les ennemis, fut une femme,* d'âge mûr & d'un courage à toute épreuve; elle avait été frappée d'une balle au milieu du front, conduiſant elle-même une des bandes hoſtiles. Après la lutte, on la reconnut pour la femme X. ., femme renommée, & qui était un des orateurs les plus fougueux & les plus entraînants

(1) L'Arabe jure *par le ventre de ſa femme*, expreſſion qui indique la part qu'elle tient dans ſes affections & dans ſon influence au dehors.

dans les réunions de la montagne (1). » Outre ce fait probant, puifqu'il relate le cas d'une femme arabe tuée fur le champ de bataille, nous poffédons le témoignage formel d'un écrivain de talent, M. le général Daumas, qui fait autorité en ce qui concerne l'Algérie : « Tous ceux, dit-il, qui ont affifté à quelques combats en Afrique, favent le rôle que jouent les femmes dans toutes les fcènes guerrières. *C'eft pour elles que parle la poudre...* La femme mufulmane a confervé auprès d'hommes, que fa parole précipite dans les combats, ce preftige qu'avaient les reines des tournois aux jours amoureux & guerriers du moyen âge (2). »

(1) *Souvenirs d'un chef de bureau arabe*, par M. HUGONNET. Paris, 1858, p. 104.

(2) *Le Chambi à Paris*, à la fuite de la 3e édition des *Chevaux du Sahara*, 1855, p. 418 & 419.

CHAPITRE XV ET DERNIER

GUERRES RÉCENTES

—

Ce ſerait une erreur de croire que de nos jours il n'exiſte plus de femmes portant le harnais militaire & faiſant la guerre : notre civiliſation avancée ne les a pas fait diſparaître, &, d'ailleurs, il ſubſiſte des pays encore peu civiliſés.

En Europe nous avons peu à citer. Mentionnons pourtant Kara-Fatima, l'héroïne du Kurdiſtan, laquelle fit, en 1854, à Conſtantinople, une entrée triomphale à la tête des cinq cents Kurdes levés & dreſſés par elle, qu'elle amenait au ſecours de la Turquie. D'autres guerrières tartares ont également paru à cette époque dans la capitale de l'iſlamiſme. Ces faits doivent d'autant moins étonner, que M. de Lamartine déclare avoir vu en Arabie « des veſtiges de tribus de femmes équeſtres & héroïques (1) ».

(1) *Vie d'Alexandre le Grand*, 1859, chez Firmin Didot, t. II, p. 96.

Citons auſſi la vieille Marie, dont parlent les *Souvenirs d'un officier du 2e zouaves* (1); c'était, au moment où l'auteur écrivait, une vivandière, à la mémoire heureuſe & qui charmait les veillées par ſes récits; le chroniqueur ne dit rien de ſes faits de guerre avec le 2e zouaves & nous devons les ſuppoſer peu importants, mais elle s'était ſignalée durant vingt ans avec le premier (& alors unique) régiment de cette arme, cherchant, dit-on, à cacher & à oublier les irrégularités paſſées de ſa conduite qui avaient tant attriſté ſa famille. En avril 1854, la belle Marie (on la déſigna d'abord ainſi) voulut s'embarquer pour la guerre d'Orient & prit à cet effet un coſtume de ſoldat, mais ſa ruſe fut découverte & le colonel, tout en la louant de ſon énergie, la fit reconduire ſur Oran. Dans le même régiment, une autre cantinière, la femme T..., allait toujours au feu avec les zouaves; elle reçut pluſieurs bleſſures & fut finalement propoſée pour la médaille militaire (2). Voilà, certes, un corps riche en femmes guerrières, & ce n'eſt qu'un des côtés de ſa gloire.

Gardons-nous d'oublier la jeune reine de Naples, princeſſe de Bavière, qui, en 1860, ſe montra, ſur les remparts de Gaëte, intrépide & calme, occupée à panſer les bleſſés ſous le feu même de

(1) Ce livre eſt ſigné de Forville, au moins dans le *Spectateur militaire* qui l'a d'abord publié.

(2) Son mari fut bleſſé le 7 juin à l'attaque des ouvrages blancs.

l'ennemi; conduite louable & capable, aſſurément, de relever la cauſe de François II, car les rois, en ce temps ſurtout où ils ſemblent s'en aller, grandiſſent aſſurément ſous le double baptême de l'adverſité & du feu.

Citons auſſi la Puſtowoitoff, aide de camp féminin de Langiewicz, le dictateur polonais de 1863.

La guerre de ſéceſſion d'Amérique nous fournit deux exemples de femmes guerrières.

Le premier eſt celui de miss Rébecca, fille du colonel Stevenſon, du Tenneſſee. En mai 1862, la maiſon paternelle ayant reçu en l'abſence de ſon père, chef d'un régiment de cavalerie, une compagnie de l'armée fédérale commandée par le capitaine John Atkinſon, elle fit mauvaiſe figure à ces garniſaires. Mais le jeune ennemi ſe montra plein d'égards, puis très-amoureux; elle paſſa alors à une autre extrémité & promit ſa main, mais ſans changer de camp, ſon fiancé devant promptement quitter l'armée de l'union pour prendre rang dans celle des confédérés. A peine les fiançailles achevées, Atkinſon fut pris dans une embuſcade, près des monts Cumberland, & fuſillé. Pour venger ſon promis, miss Rébecca leva une compagnie de jeunes *riflewomen* (carabinières), dont elle prit le commandement, choiſit ſes ſœurs miss Lia & miss Judith pour lieutenant & ſous-lieutenant, & combattit réſolûment contre les troupes du préſident Lincoln, principalement à la bataille de Chattenooga (1).

Le ſecond exemple eſt celui d'une dame, femme du colonel Ellis, qui remplit avec diſtinction dans cette guerre les fonctions d'aide de camp. En ſeptembre 1861, elle apporta dans la ville de Jefferſon les dépêches du général Hunter, montée ſur un ſuperbe cheval, habillée militairement, ſuivie de deux ordonnances, & après avoir franchi *ſans repos* 45 milles en dix heures; c'était auſſi une *inſurgente* attachée au premier régiment de cavalerie de Miſſouri.

Au centre & à l'eſt de l'Afrique, on emploie les femmes dans l'armée, & plus d'un ſouverain poſſède des gardes féminines (2). Citons le roi des Achantes, près le Dahomey, qui compte dans ſes troupes un bataillon de femmes, armées de carabines rayées, dont elles ſe ſervent avec adreſſe. Le roi de Dahomey, ſon ennemi, ne diſpoſe pas d'une force féminine auſſi conſidérable, mais il entretient, dit-on, un ſérail de 3,800 femmes, cauſe de jalouſie pour ſon voiſin qui ne peut atteindre à une pareille richeſſe; de là, une rivalité conſtante & des guerres, luttes

(1) Les journaux illuſtrés ont donné le deſſin du coſtume de cette compagnie de *riflewomen*.

(2) On citait anciennement ſous ce rapport *l'empereur* du Monomotapa, mais maintenant on ſait que ce n'eſt plus qu'un pauvre petit chef cafre des environs du Mozambique.

entreprifes au fujet de femmes & auxquelles des femmes participent. Le royaume de Dahomey & le royaume des Achantes font partie de la Nigritie maritime. On eft tenté de ne pas croire à l'invitation adreffée en 1851, par le fouverain du Dahomey, à *fon ami le roi de France,* de prendre également une garde d'amazones, afin de faire ceffer la fituation d'après laquelle les femmes allaient à la guerre dans fes États feulement; invitation fuivie de la propofition (non acceptée par le préfident de la République françaife) d'envoyer en France cinq cents de fes plus braves Amazones pour former le noyau de la garde dont Sa Majefté africaine défirait la création à Paris.

Le roi de Siam poffède un bataillon de 400 femmes choifies parmi les plus belles & les plus robuftes jeunes filles. Entrées au fervice à treize ans, ces *femmes-hommes* (ainfi les nomme-t-on, fuivant le voyageur Henri Mouhot) en fortent à vingt-cinq ans pour compofer une efpèce de réferve chargée de veiller à la confervation des propriétés royales. Elles font vœu de chafteté. Leur grande tenue confifte en une robe de laine blanche brodée d'or (1), en une cuiraffe & en un

(1) Henri Mouhot leur accorde une jupe de tartan, un béret écoffais, le fabre au côté, le piftolet à la ceinture, l'arc & le carquois fur l'épaule, & les compare à des figurantes d'un théâtre parifien. Voyez fon *Voyage dans les royaumes de Siam & de Cambodge.*

casque doré; elles portent alors la lance. Cette arme se trouve remplacée par le fusil dans la petite tenue, qui est plus simple. Leur bataillon forme quatre compagnies commandées par l'une d'elles, ayant rang de capitaine & nommée à l'élection. Le maniement du sabre & du pistolet ne leur est pas étranger.

Au milieu de la province de Golconde, le souverain du Décan entretient aussi dans Haïderabad, ou Hyderabad, sa capitale, une troupe de femmes qui a fort bon air &, sauf pour la chevelure & la proéminence de la poitrine, ressemble à une troupe de soldats très-jeunes. Ces femmes portent le fusil à baïonnette, un shako rouge à plumes, un habit rouge à galons blancs, un pantalon vert, des buffleteries blanches & des pantoufles à pointes courbes (1).

Enfin, au sujet de la lutte que le maréchal Lopez, président du Paraguay, soutenait avec énergie contre le Brésil, allié aux États du Rio de la Plata, les feuilles publiques ont rapporté que la petite république paraguayenne avait été obligée de recourir à l'emploi extrême des femmes. Un régiment féminin se serait formé, probablement

M. de Beauvoir en trace à son tour un portrait amusant & dénomme l'ensemble de ces Amazones « un corps militaire... de ballet ». Cependant « leur langoutis bouffant, demi-jupon, demi-caleçon », trouve grâce devant lui. Voyez *Java, Siam, Canton, Voyage autour du monde*, 1869, chez Plon, p. 323.

(1) Voyez le journal *l'Illustration*, novembre 1857.

avec des volontaires, & aurait été principalement utilisé à la garde des postes; si nous en croyons un récit humoristique du *Courrier de la Plata* (1), ce corps de troupes, originaire de Noembucu, se servait de ses prisonniers, du moins de ceux auxquels il laisse la vie, s'en servait pour faire la cuisine, chercher de l'eau & mener les enfants à leur mère; en un mot, leur infligeait les fonctions de brosseur combinées avec celles d'une gardienne de salle d'asile. Quoi qu'il en soit, ce régiment, ou plutôt cette brigade, car 4,000 femmes la composaient, était aux ordres d'une Anglaise, *Eliza Linch*, qui se trouvait au mieux avec le dictateur & possédait le grade d'officier général (2). Après la défaite & la mort de Lopez, cette dame & son enfant tombèrent aux mains des vainqueurs & furent retenus prisonniers à bord d'un bâtiment brésilien stationnant dans le port de l'Assomption (3). On l'accuse encore de dire du bien du dictateur & de défendre sa mémoire (4), ce qui est tout naturel puisqu'elle vivait avec lui & ne peut que l'honorer; on l'accuse, probablement avec plus de raison, de partager la responsabilité de la tyrannie du maréchal & de l'avoir poussé à plus d'un acte de cruauté : sans doute on for-

(1) Juillet 1868.

(2) *Spectator*, 27 juin 1868.

(3) Asuncion, capitale du Paraguay.

(4) Lisez le *World* de New-York, du 2 juin 1870.

mulera contre elle une accuſation légale. En attendant, l'hiſtorien (1) ne doit pas celer que, militairement parlant, Lopez II (2), au lieu de ſe ſauver en Europe avec ſes richeſſes comme tant d'autres tyrans, a fait contre ſes ennemis une longue & héroïque défenſe; quant à la queſtion de ſavoir ſi cette défenſe manquait de patriotiſme, ſi elle était plus avantageuſe à ſon pouvoir qu'à ſon pays, c'eſt aux Paraguayens à décider.

Les femmes françaiſes diſtinguées pour faits d'armes ſous le deuxième empire ſont :

Marie-Barbe *Roſſini*, appartenant aux zouaves de la garde, décorée de la médaille militaire par décret du 17 juin 1859.

Madeleine *Dagobert*, du 2e zouaves, médaillée par le même décret; toutes deux ont pris part à la bataille de Magenta.

Perrine *Cros*, des chaſſeurs à pied de la garde, bleſſée à Solferino, décorée de la médaille militaire le 25 juin 1859.

Femme *Mahler*, née Lévy, cantinière au 34e de ligne, médaillée le 19 février 1862 pour bleſſures reçues à Melegnano & à Solferino en portant ſecours aux bleſſés ſur le lieu même du combat.

Femme *Bourget*, cantinière au 1er régiment

(1) L'auteur de ces pages écrit en 1870.

(2) Le père de Lopez, l'un des ſucceſſeurs du fameux Francia, avait déjà exercé la dictature au Paraguay.

de tirailleurs algériens, trois fois bleſſée en Afrique, médaillée après dix-ſept ans de ſervice & douze campagnes, par un décret du 7 juin 1865.

Cette liſte, pour être extraite des documents officiels, toujours ſérieux & ſobres de détails, n'en comporte pas moins ſon éloquence.

Enfin la guerre contre l'Allemagne, pendant les années 1870-1871, a vu trois héroïnes françaiſes : Mme Kiené, Alſacienne; Mlle Mazillier, de Metz, & Mlle Lix : cette dernière, lieutenant dans le corps des francs-tireurs des Voſges, a fait la campagne entière & ſe repoſait des fatigues du combat en ſoignant les bleſſés.

CONCLUSION

—

Un fait reſſort de ce livre : ſauf les Amazones dont l'exiſtence eſt douteuſe, & ſauf des troupes féminines employées par des ſouverains africains ou aſiatiques, mais plus en vue de la repréſentation & du faſte que de l'utilité, les femmes combattent par exception. Ni leur ſanté parfois incertaine, ni l'enſemble de leur nature, ne les diſpoſent aux fatigues & à l'énergie continue exigées par la guerre, dont les ſoins de la maternité les écartent. D'un autre côté, juſqu'à ce jour, l'homme ſuffit aux travaux militaires. Pour ces deux raiſons, la femme combattra rarement, & ainſi ſe trouve juſtifié théoriquement le fait, le réſultat indiqué par l'hiſtoire. Quand le fera-t-elle? Evidemment lorſque la lutte ſortira des proportions ordinaires, quand l'ennemi apparaîtra avec une grande ſupériorité numérique, au moment ſurtout où la guerre ſe tranſportera ſur le territoire national, menacera le foyer domeſtique. Pour la défenſe de ce foyer il ſemble naturel que la femme intervienne; il le faudra bien, d'ailleurs, ſi les précédents combats ont détruit pluſieurs armées, ont amoindri la portion maſculine & valide de la population (1), ne laiſſant avec les dieux lares, à côté des mères, que les vieillards & les enfants. Ainſi les femmes ſaiſiront l'épée à la dernière extrémité, ſi le ſalut de la patrie l'exige; elles feront plus qu'une garde nationale mobile, plus qu'une levée en maſſe, elles formeront la réſerve extrême, celle que nul ne voudrait voir employée, car elle eſt plutôt deſtinée à l'embelliſſement du foyer, à l'éducation des enfants, à la conſolidation des vertus intérieures qui entretiennent le flambeau des traditions & font les grandes nations. Le plus ſouvent, ſi les mains féminines manient les armes, le ſort national ſera en péril; heureuſement, outre l'énergie que rencontre alors leur bras inſpiré, les femmes poſſèdent également le bon ſens, l'intuition des ſituations, & elles ſauront traiter à temps, ſauvant ainſi le pays après avoir glorieuſement contribué à maintenir intact l'honneur des armes; ce n'eſt pas ſans motif que la guerre & l'intelligence ont été déifiées par les anciens dans une femme, dans Minerve (2).

(1) Les femmes prédominent comme nombre dans certaines contrées, en Angleterre, par exemple, & ſurtout à Veniſe.

(2) Mars, au contraire, repréſente le courage impétueux & brutal.

Que pourrais-je ajouter ?

Rien, quant à l'éloge, mais il me reſte à caractériſer le courage déployé par la femme & à indiquer les autres vertus guerrières dont elle fait preuve. Cela ſera facile, car il ſuffit de puiſer dans le vaſte répertoire de faits qui forme l'*Hiſtoire militaire des Femmes,* & de conclure par la ſynthèſe en donnant un lien aux jalons fournis par nos recherches hiſtoriques.

1° *Le courage.* Il s'agit d'un courage ardent, paſſionné, plutôt que d'un courage réfléchi, patient ſurtout ; c'eſt un courage que la fatigue ne rebute pas. Les femmes tenteront un exploit lorſqu'elles n'engageraient pas une lutte lente, ſoit de tirailleurs, ſoit de poſition. Elles s'exalteront, en un mot ; cela, du reſte, arrive à plus d'un guerrier-*homme,* & l'on peut à ce ſujet répéter le mot du fabuliſte (1) :

> ... Je ſais même ſur ce fait
> Bon nombre d'hommes qui ſont femmes.

2° *Les autres vertus guerrières.* Les femmes poſſèdent en général l'*abnégation,* car elles ſe dévouent pour un autre, partant en guerre le plus ſouvent pour ſecourir un père (2) ou exempter un frère, dont elles endoſſent les habits &

(1) La Fontaine, *les Femmes & le Secret.*

(2) Les ſœurs *Fernig.*

l'acte de naiſſance (1). Elles obſervent la diſcipline, puiſqu'elles s'acquittent à merveille de leurs fonctions, afin de cacher ainſi leur ſexe avec ſuccès, jusqu'au moment où elles l'avouent (2) ou bien ſont bleſſées (3), qualité qui implique une grande force de volonté chez un être d'ordinaire aſſez porté au changement, mais n'oublions pas que les guerrières ſont des femmes qui ont du caractère. Elles pratiquent la ſobriété; ſe laiſſer aller aux loiſirs de la table les dévoilerait trop, en effet, & il faut qu'elles vivent retirées & à l'écart, tout au moins quand elles ſervent en cachette & ſans autoriſation ſpéciale. Elles déployent l'intelligence des choſes du métier (4), & cela ſe comprend; embraſſant une profeſſion oppoſée à leur nature, c'eſt qu'elles ont le goût & la facilité d'en comprendre les ſecrets & d'y réuſſir. Enfin elles montrent du ſang-froid, de la préſence d'eſprit; jouer un rôle ne rentre-t-il pas dans leur nature & ſaurait-il les embarraſſer?

Nous terminerons par une obſervation déjà préſentée, & dans le cours de ce travail, & en tête de cette concluſion, mais qu'il eſt utile de répéter ici même, parce qu'elle doit, ſans con-

(1) Exemple : *Gheſquières*. Cherchez ces noms à la table finale des noms de femmes guerrières cités dans cet ouvrage.

(2) Comme *Scanagetta*.

(3) Comme *Gheſquières*.

(4) Exemple : *Jeanne d'Arc*.

teſte, réſumer & clore l'*Hiſtoire militaire des Femmes*. Si l'apparition d'une femme guerrière peut devenir une ſauvegarde pour un peuple entier, comme ce fut le cas pour Jeanne d'Arc; ſi même (redeſcendons à un théâtre moins grand & à des néceſſités moins urgentes) une femme ſoldat peut ſervir d'exemple à une troupe & l'entraîner, comme on le vit dans les armées françaiſes au temps de la République, néanmoins le nombre des femmes prenant part à la guerre doit demeurer reſtreint, & cela pour deux motifs. Le premier, c'eſt que ſi les guerrières ſe multipliaient, leur influence ne ſerait plus la même, car cette influence tire ſa principale force de ce qu'elle eſt *exceptionnelle*. Le ſecond motif porte plus loin encore : il ne faut pas habituer l'homme, ſurtout en nos temps de civiliſation avancée, à déſerter ſes fonctions & à ſe prélaſſer pendant que d'autres les rempliſſent; or, la femme, étant plus dévouée & plus réſignée aux exigences du fort, accomplirait ſans trop de répugnance les fonctions militaires ſi perſonne ne ſe préſentait pour les remplir; de là un double danger pour la patrie; l'homme s'amollirait de plus en plus, la femme ne pourrait ſuffire aux fatigues de la guerre jointes au fardeau de la maternité.

TABLE DES CHAPITRES

TABLE DES NOMS

DE FEMMES CITÉS DANS CET OUVRAGE

LES NOMS DE FEMMES GUERRIÈRES SONT IMPRIMÉS EN ITALIQUES

C

D

E

G

H

I

J

K

L

M

N

O

P

Q

R

S

T

U

V

W

Z

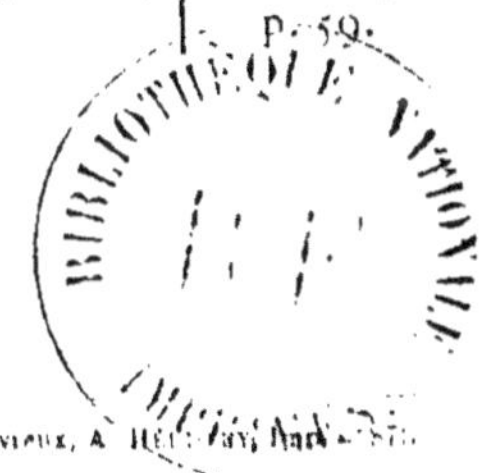

www.ingramcontent.com/pod-product-compliance
Lightning Source LLC
LaVergne TN
LVHW020547230826
846091LV00002B/406